NEW 일본어능력시험 답다!

이종권 저

N1 독해

머리말

　새롭게 개정된 NEW(신) 일본어능력시험의 개정 포인트를 이해하고 공부한다면, 수험생 여러분은 이미 합격고지의 절반은 오른 셈입니다. 개정된 주요한 포인트인 [**과제 수행을 위한 언어커뮤니케이션능력**]이란, 우리들이 생활 속에서 부딪히는 여러 과제에 대해 그 해결방법을 찾는 것이라고 해도 과언이 아닙니다. 과거의 암기 이해에 의존하는 그런 시험이 아님을 꼭 알아 두셔야 할 것입니다. 새로운 시험은 기존의 암기 이해는 물론이고, 어떤 일을 판단하고 수행하는데 필요한 일본어 실력을 측정하는 시험입니다.

　NEW(신) 일본어능력시험에서는 언어지식(문자·어휘·문법)을 바탕으로 독해와 청해 과제를 수행하는 능력을 측정하는 시험이므로, **언어지식을 공부한 후에 독해, 청해 순**으로 공부를 해가는 것이 효율적이라 하겠습니다. 물론 청해의 기본인 귀가 열려 있는 단계가 아니라면, 청해 연습을 꾸준히 언어지식 공부와 병행해야 합니다.

　NEW(신) 일본어능력시험에서는 합격을 위한 기준 점수가 제시되지 않았지만, 과거와 달리 **영역별 과락제도**가 도입되므로 전체적인 균형을 유지하는 학습방법이 요구됩니다. 어느 한 영역으로 치우치는 학습방법은 바람직하지 않습니다.

　본서는 개정된 NEW(신) **일본어능력시험에 맞추어 새롭게 집필**되었고, 새로운 유형을 최대한 이해하기 쉽게, 또한 많은 문제를 다루었습니다. **모의고사도 3회**로 다양한 문제를 수록했습니다. 본서에 수록된 많은 문제들을 풀어보고, 모르거나 자신이 틀린 문제들은 꼭 다시 공부해서 고득점으로 합격하시기를 기원합니다.

　공부하다가 모르는 것이나 궁금한 사항이 있으시면 언제든지 제가 운영하는 다음 카페(http://cafe.daum.net/jlpt)나 http://www.ejujlpt.com 으로 문의 주세요. ^^ 시험에 대한 다양한 정보도 여기서 찾아볼 수 있습니다.

　시험문제 출제와 자료 정리에 온 힘을 써준 이종권일본어학원 Japanese Test R&D Center 연구원들에게 감사를 표합니다. 또한 멋진 교재가 나올 수 있도록 모든 노력을 아끼지 않고 도와주신 사람in 박효상 사장님과 편집부 직원들에게도 많은 감사드립니다.

NEW(신) 일본어능력시험 N1 수험생들의 **고득점 합격**을 기원하면서

저자 이종권

목차

머리말 3

일본어 능력시험의 이해 6

독해 만점을 위한 워밍업 9

   1. 접속사 10
   2. 원인·이유 17
   3. 필자의 주장 19
   4. 내용파악 (맞는 내용) 24
   5. 정보 찾기 27
   6. 복수의 제시문 32

독해 만점을 위한 유형별 실전연습 39

   독해 유형 40
   문제 유형 8 42
   문제 유형 9 52
   문제 유형 10 72
   문제 유형 11 93
   문제 유형 12 100
   문제 유형 13 109

◉ 실전 대비 모의고사 117

　제 1 회 118
　제 2 회 142
　제 3 회 166

◉ 정답 190

◉ 해답 용지 3회분 195

일본어 능력시험의 이해

'일본어 능력시험'은 단순히 일본어 실력만을 묻는 시험이 아니라, 실제로 사용할 수 있는 일본어 실력을 갖추고 있는가를 중시하는 시험으로, 일본어의 문자·어휘·문법의 언어지식뿐만 아니라, 그 지식을 토대로 커뮤니케이션을 원활하게 할 수 있는가를 판가름하는 시험이다.

- 실질적인 일본어 사용에 중점을 둔 만큼 '독해'와 '청해'의 비중이 높다.
- 시험은 7월과 12월(연 2회)에 실시된다.

1. 급수별 차이 이해하기

'일본어 능력시험'은 1급에서 5급까지의 5단계로 이루어진다.
다음은 급수별로 일본어 능력시험에 합격했을 때 인정되는 사항으로, 학습자는 다음의 사항을 참고로 시험의 급수를 정해 시험에 응할 수 있다.

급수	급수 취득 시 인정되는 사항
N1	여러 방면에서 사용되는 일본어를 이해·사용할 수 있다.
N2	일상적인 일본어 사용이 가능하고, 좀 더 넓은 방면에서 사용되는 일본어를 어느 정도 사용할 수 있다.
N3	일상적인 일본어를 어느 정도 사용할 수 있다.
N4	기본적인 일본어를 사용할 수 있다.
N5	기본적인 일본어를 어느 정도 사용할 수 있다.

2. 각 급수별 과목과 시험 시간

급수	시험 과목 (시험 시간)		
N1	언어지식(문자·어휘·문법)·독해 **110분**		청해 **60분**
N2	언어지식(문자·어휘·문법)·독해 **105분**		청해 **50분**
N3	언어지식(문자·어휘) **30분**	언어지식(문법)·독해 **70분**	청해 **40분**
N4	언어지식(문자·어휘) **30분**	언어지식(문법)·독해 **60분**	청해 **35분**
N5	언어지식(문자·어휘) **25분**	언어지식(문법)·독해 **50분**	청해 **30분**

3. 시험 점수의 배점 구분 및 합격선

급수	배점 구분		득점 범위
N1	**언어지식(문자·어휘·문법)**	**60**	**100점 만점으로 환산**
	독해	**60**	**100점 만점으로 환산**
	청해	**60**	**100점 만점으로 환산**
		만점	300
N2	언어지식(문자·어휘·문법)	60	100점 만점으로 환산
	독해	60	100점 만점으로 환산
	청해	60	100점 만점으로 환산
		만점	300
N3	언어지식(문자·어휘·문법)	60	100점 만점으로 환산
	독해	60	100점 만점으로 환산
	청해	60	100점 만점으로 환산
		만점	300
N4	언어지식(문자·어휘·문법)·독해	120	200점 만점으로 환산
	청해	60	100점 만점으로 환산
		만점	300
N5	언어지식(문자·어휘·문법)·독해	120	200점 만점으로 환산
	청해	60	100점 만점으로 환산
		만점	300

합격은 전체 점수의 총점으로 결정되는 것이 아니라, 각 과목당 기준점이 있어, 모든 과목에서 기준점을 획득해야 합격할 수 있다. 한 과목이라도 기준점에 미달되었을 시에는 불합격 처리된다.

일본어 능력시험 N1 문제 유형 총정리

시험 과목 (시험시간)		문제유형		유형 설명	문항수	문제 풀이 소요 시간
언어 지식 · 독해 (110분)	문자 · 어휘	問題1	한자읽기	문장에서 밑줄 친 부분의 한자의 読み方를 찾는 문제	6	110분 중 15분 내에 문제를 해결한다.
		問題2	문맥규정	문장의 문맥에 맞게 괄호 안에 들어갈 가장 알맞은 어휘를 찾는 문제	7	
		問題3	유의어 표현	문장에서 밑줄 친 어휘와 가장 가까운 표현을 찾는 문제	6	
		問題4	용법	주어진 어휘가 가장 알맞게 사용된 문장을 찾는 문제	6	
	문법	問題5	문법형식 판단	괄호 안에 들어갈 가장 알맞는 문법적 기능어를 찾아 문장을 완성하는 문제	10	110분 중 20분 내에 문제를 해결한다.
		問題6	문장 조합	선택지로 주어진 1~4의 어휘를 나열하여 문장을 완성한 후, ★ 표시가 된 부분에 들어갈 표현을 찾는 문제	5	
		問題7	문장 속 문법	글을 읽고 빈 칸에 들어갈 표현을 찾는 문제	5	
	독해	問題8	내용이해(단문)	단문을 읽고 푸는 문제	4	110분 중 75분 내에 문제를 해결한다.
		問題9	내용이해(중문)	중문을 읽고 푸는 문제	9	
		問題10	내용이해(장문)	장문을 읽고 푸는 문제	4	
		問題11	종합 이해	두 개 이상의 글을 읽고 비교·통합 후 푸는 문제	3	
		問題12	주장 이해	장문의 글을 읽고 저자의 주장이나 의견 등을 찾는 문제	4	
		問題13	정보 검색	공고, 팸플릿, 정보지 등의 글을 읽고 정보를 찾는 문제	2	
청해 (60분)		問題1	과제 이해	구체적인 과제 해결에 필요한 정보를 듣고, 다음에 일어날 사항을 묻는 문제	6	청해는 문제 유형별로 주어지는 시간에 차이가 있으므로, 먼저 문제 유형을 확실하게 파악한 후, 문제 유형에 익숙해지는 것이 중요하다.
		問題2	포인트 이해	대화 혹은 한 사람의 이야기를 듣고, 내용의 포인트를 파악하는 문제	7	
		問題3	개요 이해	내용의 전체를 듣고 화자의 의도 및 주장 등을 파악하는 문제	6	
		問題4	즉시 응답	짧은 글 또는 대화문을 듣고 적절한 응답을 찾는 문제	14	
		問題5	종합 이해	긴 내용을 듣고, 두 개 이상의 정보를 비교·통합하는 문제	4	

독해 만점을 위한 워밍업

1. 접속사
2. 원인·이유
3. 필자의 주장 (いいたい)
4. 내용 파악 (맞는 내용)
5. 정보 찾기
6. 복수의 제시문

1. 접속사

논리 전개나 필자의 주장 또는 원인 · 이유를 묻는 문장은 접속사의 사용에 주의해야 한다.
접속사의 종류는 다양하나 독해 문제 풀이를 위해 필요한 부분만을 정리하자.

1. 원인 · 이유

01 なぜなら 왜냐하면
私たちは彼をクラス委員に選んだ。なぜなら彼以外に適切な人がいないからだ。

02 ～というのは 왜냐하면
今度海外旅行に行くならアフリカがいい。というのは、それ以外の大陸には既に行ったことがあるからだ。

03 だって 왜냐면
Ⓐ またそのお菓子食べてるの？
Ⓑ だって好きなんだもん。

04 そのため 그 때문에
彼女は自分の意見を上手に伝えることができない。そのため、しばしば周囲から誤解を受けることがある。

2. 역접 ①

01 しかし 그러나
彼女は決勝まで進んだ。しかし惜しくも優勝は逃してしまった。

02 けれども 하지만
彼は頑固だけれども話は分かる人だ。

03 だが 하지만
とても素敵な服を見つけた。だが高すぎて手が出ない。

04 でも 하지만
周囲の皆が反対した。でも僕は諦めなかった。

3. 역접 ②

01 ～なのに ～인데
彼は身長も高くハンサムな方なのに彼女がいない。

02 ～にも関わらず ～인데도 불구하고
彼女は1年しか日本語を勉強していないにも関わらず驚くほど流暢な日本語を話す。

03 それにしても 그렇다고 해도
確かに先生が怒るのも分かるけど、それにしてもあんな言い方しなくったっていいのにね。

04 それでも 그래도
私は昔、犬に噛まれたことがある。それでも犬が好きだ。

4. 첨가

01 しかも 게다가
あの人は才能があり、しかも努力家だ。

02 それに 게다가
あそこの食堂は安くて美味しい。それに量も多い。

03 そのうえ 그 위에, 게다가, 그리고
彼はラーメンを食べ、そのうえ、寿司を二人前も食べた。

04 それから 그리고, 그리고 나서
この料理に使うのは、塩、砂糖、酒、それから醤油です。

5. 보충설명

01 ただし 단, 다만
レポートの書式は自由。ただし、英語で書くこと。

02 もっとも 그렇다고는 하지만, 다만
彼女は英語が上手だ。もっともイギリス育ちだから当然だが。

03 なお 또한
運動会を下記のとおり開催します。なお、雨天の場合は延期となります。

04 ちなみに 덧붙여 말하면
「アルバイト」はドイツ語に由来している。ちなみに、登山用語の多くもドイツ語からきている。

05 ただ 단
フランス語の響きは美しい。ただ、修得するには難しい言語だ。

問題1 次の文章を読んで、1 から 5 の中に入る最もよいものを、1・2・3・4から一つ選びなさい。

　「豊かさ」とは何でしょうか？ それは心の豊かさ、物の豊かさを指すと思いますが、どの程度で豊かだと感じるかは人によって違うでしょう。物の豊かさで言えば、「これさえあれば生きていける」というような必要最低条件が高い人は豊かさを感じにくく、条件が低い人は豊かさを感じやすいでしょう。 1 、その豊かさをどこまで追求(注1)するのかが問題なのです。お金がある限り、物の豊かさは追求できるでしょう。 2 、それではいつまでたっても物の豊かさを感じることはできません。豊かさには、ゆとりや余裕、余力なども含まれ、財産もまた豊かさの一つであると思います。 3 、お金は物を買うことにも使えますが、幸せを得るために使うこともできるからです。 4 、物の豊かさを感じない人には心の豊かさも感じることはできません。

　では、心の豊かさとは何でしょうか？ それは、生きている中でいろいろな幸せを感じたり、物がなくても幸せと感じることができる時に得られるものだと思います。また、自分自身が幸せになる能力を持っているかどうかにも関係します。その幸せになる能力は「心の財産」とも言えるでしょう。 5 、幸せになる能力が、幸せを感じる量と質を増やし、心にゆとりや余裕を生むからです。ゆとりのある生活をするためには、あまり頑張りすぎずに心の力を少し抜いて、安らぐ(注2)時間やくつろぐ時間、何かを楽しむ時間を持つと良いでしょう。そうすることでゆとりを感じることができると思います。

（注1）追求：追いかけ求めること
（注2）安らぐ：おだやかな気持ちになること

1

　1 なぜなら　　　2 そのため　　　3 しかし　　　4 しかも

2

　1 それに　　　　2 でも　　　　　3 だって　　　4 なのに

3

　1 だが　　　　　2 なぜなら　　　3 ただし　　　4 もっとも

4

　1 というのは　　2 だって　　　　3 しかも　　　4 けれども

5

　1 でも　　　　　2 だが　　　　　3 というのは　4 それでも

問題2 次の文章を読んで、1 から 5 の中に入る最もよいものを、1・2・3・4から一つ選びなさい。

　私は桜が大好きだ。いつの頃からかは記憶にないが、毎年桜が咲くと花見に出かけるようになった。桜の見どきはいつぐらいで、どの場所が美しいかなど、テレビなどで取り上げられるとつい見てしまう。 1 、桜が好きなのは私だけではない。平日 2 桜の咲く時期はどこも花見の人でいっぱいになる。それほど桜は人々（ひとびと）から愛（あい）されているのである。 3 桜は、咲く時期が限られており、一週間程度という本当に短い期間だけしか見られない。 4 その期間に雨が降れば、花びらは一斉に散って終わってしまう。 5 私は桜が咲くのを待ち遠しく思う。あたり一面が桜色に染まる風景は艶やかで情緒漂う。桜がこれほど人々から愛される理由は花の命の短さにあると言われている。一斉に咲くはなやかさ、すぐに散ってしまうはかなさに美しさを感じているのである。

1
　1 そのうえ　　2 だが　　3 だって　　4 そのため

2
　1 なお　　2 それに　　3 しかも　　4 にも関わらず

3
　1 それに　　2 そのため　　3 しかし　　4 だって

4
　1 だって　　2 しかし　　3 しかも　　4 けれども

5
　1 なぜなら　　2 それでも　　3 だって　　4 というのは

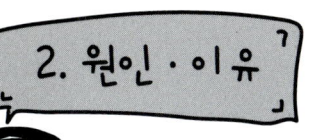

「なぜ」「どうして」즉, '왜?'라고 하는 문제에서 정답을 찾을 때 필요한 것은 문제에서 주어진 질문이다. 그 질문이 지문의 어디에 있는지를 찾아서 그 부분의 내용을 정독해야 한다. 즉, 질문의 키워드를 찾는 것이 중요하다.

정답으로 사용되는 표현에는 가장 기본적인 것이「～からだ。～からである。～のだ。～のである。～ためだ。～ためである。」등이 있다.

問題1 次の文章を読んで、後の問いに対する答えとして、最もよいものを1・2・3・4から一つ選びなさい。

　ごはんを主食とした場合には、肉や野菜、魚など、どんなおかずとも相性がよく、合わせるおかずの種類や幅が広いため、好みが異なる子供や若者、老人の方とも一緒に食事が楽しめます。
　一方、パンを主食とした場合には、刺身などの魚料理とは合わせにくく、組み合わせられる料理の種類が限られてきます。肉や卵などを使った料理、バターやチーズを使った料理、脂っぽいソースをかけたサラダなどと相性がよいため、カロリーの高い食べ物を食べる機会が必然的に増えます。パン中心の食事は、ごはんを主食とした場合と比較すると組み合わせられるおかずの種類が少なく、太る原因となる脂肪を含むカロリーの高いおかずが多くなるのです。

1　筆者はなぜパンを主食とするとカロリーの高い物を食べる機会が増えると言っているか。

1　パンは子供や若者や老人が一緒に食べることができないから
2　野菜や刺身など、カロリーの高いおかずと合うから
3　パンに合わせるおかずが非常に多いから
4　パンに合わせるおかずが脂肪分の多いものが多いから

問題2 次の文章を読んで、後の問いに対する答えとして、最もよいものを1・2・3・4から一つ選びなさい。

　近頃、美術館の閉館(注1)時間がどんどん遅くなっている。これは都会だけでなく地方の美術館も夜7時、8時まで開館(注2)するなど、遅くまで開いている美術館が増えている。今年初めに新しくできた美術館も、仕事帰りのサラリーマンの来場を見越し(注3)、水～金曜日の開館時間は午後8時までとした。開館時間の延長について美術館側は「美術館の近くのオフィスで働くサラリーマンにも仕事帰りに文化に触れられると好評です。」と話す。現在行われている展示会では、スーツ姿の来場者も目立つようになった。また、ある地方の美術館では、来場者の獲得に向けてアンケートを実施、その要望を受け、開館時間を延長した。このように開館時間の延長は全国的な傾向にあると言える。忙しい現代人にとって、美術鑑賞は休日にゆっくりと、と考えることは贅沢なのかもしれない。

（注1）閉館：美術館が閉まること
（注2）開館：美術館が開くこと
（注3）見越す：予測する

[1] 開館時間の延長はなぜ全国的な傾向にあるか。
1　地方では夜7時以降の美術館の来場者が少ないから
2　仕事帰りに美術館に行きたいという要望があったから
3　スーツ姿で美術館に行きたい人が増えたから
4　美術館の来場者が少なくて運営が厳しくなったから

3. 필자의 주장 (いいたい)

필자의 주장이나 의도를 파악하는 문제에서 정답이 있는 곳은 크게 문장의 흐름으로 보아 순접표현과 역접표현 뒤가 많다.

1. 앞 문장에서 조건과 예를 들고, 순접표현(원인·이유)을 가져오고, 그 뒤에 필자의 주장을 하는 흐름이다.
2. 앞 문장에서는 타인의 의견이나 일반적인 사항, 그리고 일부 주장을 인정하는 문장이 나오고, 그 다음에 역접표현과 함께 필자의 주장이 나온다.

필자의 주장은 다음과 같은 표현을 동반하고 있으니 주의 깊게 살펴보자.

필자가 주장하는 내용과 같이 쓰이는 표현!!

01 ～べきだ。 ~해야 한다.
今の時代、どんな企業も環境を考えながら運営していくべきだ。

02 ～はずだ。 ~할 것이다.
あれから4時間も経っているし、彼はそろそろ家に帰っているはずだ。

03 ～なければならない。 ~하지 않으면 안 된다.
言論の自由は保護されなければならない。

04 ～ねばならぬ。 ~하지 않으면 안 된다.
いいにくいことだが、今後のために言っておかねばならぬ。

05 ～と思う。 ~라고 생각한다.
確かに生活習慣は学力に影響すると思う。

06 ~と考えている。 ~라고 생각하고 있다.
将来は海外で自分の店を開こうと考えている。

07 ~ではないだろうか。 ~(하)지 않겠는가.
携帯電話の機能はどんどん増えているが、それを全て使いこなせている人はいないのではないだろうか。

08 ~ではないか。 ~(하)지 않는가.
ニュースは誰にとっても分かりやすいものにすべきではないかと思う。

09 ~だろう。 ~일 것이다.
彼があんなことを言ったのには何か訳があるのだろう。

10 ~でしょう。 ~일 것이다.
いつも一生懸命やっているから、そのうちその努力が報われるでしょう。

11 ~わけだ。 ~하는 것이다. ~하는 것이 당연하다.
どうりで寒いわけだ。外は雪が降っている。

12 ~たいものだ。 ~하고 싶다.
どうにか２、３年以内には自分の家を建てたいものだ。

13 ~ほしいものだ。 ~하고 싶다.
この子には優しく勇気のある大人に育ってほしいものだ。

問題1 次の文章を読んで、後の問いに対する答えとして、最もよいものを1・2・3・4から一つ選びなさい。

　優先座席とは電車やバスなどの乗り物に設けられている高齢者(注1)や障害者の方を優先させて座らせる席だ。大体どの乗り物も優先座席は色を変えるなどして目立たせたり、後ろにマークを付けたりして他の席との違いを強調している。
　しかし、優先座席を設けたことで、優先座席だけ譲ればいいと思う人が増えたように感じる。優先座席以外の席で高齢者などが前にいても無視したり、席を譲ろうとしない人は多い。私は、人が思いやり(注2)の気持ちがなければこういう席を設けても大きな効果は得られないと思う。それよりも、人々の譲り合い(注3)の気持ちを持たせる方が大切であろう。

(注1) 高齢者：上の年代の人
(注2) 思いやり：他人の気持ちに心を配ること
(注3) 譲り合い：互いに譲ること

|1| 筆者がここで最も言いたいことは何か。
　1　若者が優先座席に座ることは許されることだ。
　2　優先座席は他の席と色々な方法で区別されているのでとても分かりやすい。
　3　優先座席以外では人が高齢者などに席を譲らないのは仕方がないことだ。
　4　優先座席を作るよりも人に譲り合いの気持ちを持たせるようにすることが大事だ。

問題2 次の文章を読んで、後の問いに対する答えとして、最もよいものを1・2・3・4から一つ選びなさい。

　交流居住(こうりゅうきょじゅう)とは、都会に住む人たちが都会と田舎(いなか)の両方に住まいを持ち、都会と田舎を行き来(ゆき き)(注1)しながら、それぞれの場所を仕事やレジャー、趣味などの目的ごとに使い分け、田舎では地元(じもと)の人との交流を楽しむ生活様式をいいます。

　また交流居住にはさまざまなタイプがあり、気に入っている田舎を年に何回か、あるいは毎年訪(おとず)れて1～3泊程度滞在し、自分の趣味や交流を楽しむ人、いつか田舎暮らしを始めたいと思っている人に向いた①短期滞在型(たんきたいざいがた)や、都会に生活の基盤をおきながらも、田舎にも家を持ち、そこで数週間～数ヶ月といった長期の滞在でのんびりと田舎暮らしを楽しみたい人に向いた長期滞在型(ちょうきたいざいがた)があります。

　他にも、生活する場所を田舎に移して1年の半分以上を田舎で過ごし、必要なときだけ都会に戻ると言った本格(ほんかく)的な田舎暮らしをしたい人や、近い将来、田舎に定住(ていじゅう)したいと考えている人に向いた定住(注2)型(ていじゅうがた)、農業や漁業、伝統工芸技術等を体験し援農(えんのう)(注3)を目的として田舎に滞在し、田舎で自らの仕事や技術を身につけたい人や、自分の趣味を生かして田舎を支援(しえん)(注4)したい人などに向けた研修田舎支援型(けんしゅういなかしえんがた)などもあります。②これらは、田舎を利用する目的によって、その中から自分にふさわしい生活スタイルを選ぶことができます。

　都会に人が流れ、田舎の過疎化は深刻な状況となっている中、全国で交流居住の積極的な受け入れが広がっています。この交流居住は田舎と都会の人をつなぐ役目を大きく担っているのです。

　　（注1）行き来(ゆき き)：行くことと来ること
　　（注2）定住(ていじゅう)：場所に住むこと
　　（注3）援農(えんのう)：農作労働を手伝い、助けること
　　（注4）支援(しえん)：力を貸して助けること

1 ①短期滞在型はどのような人に向いていると筆者は言っているか。
   1　一年のほとんどを田舎で過ごしたいと思っている人
   2　農業や漁業などの体験が目的の人
   3　年に数回程度しか田舎に来ない人
   4　ゆっくりと田舎生活を楽しみたい人

2 ②これらとあるが、これらは何をさすか。
   1　田舎で暮らす人たちの気持ち
   2　交流居住の様々な形
   3　交流居住の役目
   4　過疎化の問題

3 筆者の意見と合っているものはどれか。
   1　田舎の過疎化が深刻な問題なので、遊びの気持ちで交流居住を利用してほしくない。
   2　交流居住の形は自分では選ぶことができず、全国で広まってきていない。
   3　楽しむことを目的とした交流居住は、過疎化の進む田舎と都会とをつなぐ役割を担っている。
   4　できれば都会から田舎に移り住んでほしい。

4. 내용파악 (맞는 내용)

본문의 내용을 파악하는 문제유형에서는 주로 필자의 주장을 찾는 문제가 출제되지만, 본문과 맞는 내용을 찾는 문제도 출제된다.

무엇을 묻는 문제든 단순히 본문과 일치하는 내용을 찾기보다는 질문의 내용을 파악한 후, 질문에 맞는 내용을 본문에서 빨리 찾아내는 것이 중요하다.

1. 먼저 질문의 요지를 파악한다.
2. 본문을 속독으로 읽어 전체 흐름을 파악한다.(문제에 따라서는 선택지를 먼저 읽어야 할 때도 있으니 상황에 맞게 대처하자.)
3. 선택지를 읽으면서 질문과 본문의 내용에 일치하는지, 틀렸으면 어디가 어떻게 본문과 다른지를 본문에 표시해 가며 읽어간다.
4. 정답을 찾는 것도 중요하지만, 왜 오답인지를 제대로 잘 파악하면 정답은 금방 눈에 들어오게 되어 있다.
5. 문제 푸는 요령이라면, 대부분의 이런 유형의 문제는 필자가 주장하는 것이 정답이 되는 경우가 많다. 중심문과 필자가 주장하는 부분을 눈여겨보면 정답으로 가는 길이 보일 것이다.

問題1 次の文章を読んで、後の問いに対する答えとして、最もよいものを1・2・3・4から一つ選びなさい。

　彼女は子どもを一生のテーマとして描き続けた画家です。モデルなしで10ヶ月と1歳の赤ちゃんを描き分けた彼女は、その観察力とデッサン力を使い、子どものさまざまな姿を描いています。絵の中の子どもたちは、彼女自身が母親として子どもを育てながら、20年余り子どもの絵を描き続けた中で生まれたものです。また、その絵は、さまざまなことを考えたり感じたりし、まるで生きた子どもとして存在しているかのように見えます。もしかすると絵の中の少女は、彼女自身だったのかもしれません。
　彼女の絵は西洋で発達した水彩画(注1)と、日本の伝統的な水墨画(注2)の技法(注3)を生かした独特の画法で、描かれています。優れた技術に、母親としての愛情と感受性(注4)が融合し、彼女の作品が生まれたのでしょう。

(注1) 水彩画：水でといた絵の具で描いた絵
(注2) 水墨画：墨の線や濃淡だけで表現する絵
(注3) 技法：技術と方法
(注4) 感受性：外からの刺激を受けやすいこと

1 本文の内容と合っているものはどれか。
　1　彼女には子どもはいなかったが、その素晴らしい想像力で20年余り子どもの絵を描き続けた。
　2　彼女の絵は優れた観察力、デッサン力、技術力、それに愛情が加わり生まれた。
　3　絵の中の子どもは彼女自身で彼女は小さな時の思い出を絵に描き続けている。
　4　彼女が母親でなければ、10ヶ月～1歳までの子どもを描き分けることはできなかった。

問題2 次の文章を読んで、後の問いに対する答えとして、最もよいものを1・2・3・4から一つ選びなさい。

　早起き(注1)の利点は、脳が冴えて仕事や勉強の効率が良いことです。しかし、早起きをする目的を明確にしないと早起きをしても意味がありません。朝の1時間は夜の3時間に匹敵するとも言われています。ビジネスでも早起きをして成功した人は沢山います。早起きをすれば、いつもより早い時間、すなわち通勤ラッシュを避けて電車に乗ることができます。そうすれば、その時間に仕事に関する本を読んだり1日の予定を手帳に書いたりと自由な時間が持てます。何よりも、通勤ラッシュで体力を奪われないというのが最大(注2)の利点です。

　けれども、夜遅くまで仕事や勉強をしていた人にとって、早起きはとても辛いと感じるかもしれません。その場合は、早起きしてすることを楽しい内容にすれば良いでしょう。そうすることにより、早起きが辛いと感じにくくなり、自然と早起きを身に付けることができるでしょう。

（注1）早起き：早く起きること
（注2）最大：最も大きいこと

|1| 本文の内容と合っているものはどれか。

1 通勤ラッシュを避けて電車に乗ると自由な時間は寝て過ごすことができる。
2 夜の1時間は朝の3時間に相当するので、朝に勉強や仕事をする方が効率的だ。
3 朝早く会社に行くと効率よく仕事ができるが、1日が長いので精神的に疲れる。
4 朝は頭がすっきりして仕事や勉強がはかどるので、早起きする方が効率的だ。

5. 정보 찾기

독해 문제에서 정보 찾기 유형은 도표에 의한 정보가 주어지고 문제가 따로 주어지는 타입이다.

1. 중요한 것은 질문이 무엇인지를 먼저 보고, 주어진 도표에서 필요한 부분을 찾아내는 것이다. 지문을 읽고 문제를 푸는 유형보다 시간적으로 여유가 있으므로, 너무 서두르다가 중요한 부분을 놓치는 일은 없어야 하겠다.

2. 주어진 도표에서 특정조건에 맞는 것을 골라 수를 세어야 하는 경우도 있고, 그 중 하나만을 골라야 하는 경우도 있다. 조건에 맞는 수를 세어야 할 경우는 모든 데이터를 비교해서 골라내야 하지만, 하나만을 골라야 하는 경우는 선택지 중에서 맞는 것으로 골라내면 되기 때문에 문제를 먼저 파악하는 것이 시간적으로 효율적이다.

3. 문제를 풀 때 선택지에서의 사소한 조사의 쓰임이라든가 부정표현으로 바뀌었는지를 꼼꼼히 비교해야만 실수를 줄일 수 있다.

확인 문제

問題1 次は、地下鉄の路線図、定期券販売所一覧、定期券料金表である。下の問いに対する答えとして、最もよいものを1・2・3・4から一つ選びなさい。

1. ますおさんは来月から大学に通う。そのため、大学までの地下鉄の通学定期券を買いに行くことにした。ますおさんの家から一番近い駅は板宿駅で、今日は土曜日である。ますおさんが定期を買うのに一番近い定期販売所がある駅は何駅か。

   1 三宮駅　　　　　　　　　　2 新長田駅
   3 名谷駅　　　　　　　　　　4 妙法寺駅

2. 県庁前駅から伊川谷駅までの3ヶ月定期はいくらか。

   1 13,680円　　　　　　　　　2 15,200円
   3 26,680円　　　　　　　　　4 24,630円

市営地下鉄路線図

① 西神中央 ⇔ ② 西神南 ⇔ ③ 伊川谷 ⇔ ④ 学園都市 ⇔ ⑤ 名谷 ⇔ ⑥ 妙法寺
⇕
⑬ 三宮 ⇔ ⑫ 県庁前 ⇔ ⑪ 大倉山 ⇔ ⑩ 上沢 ⇔ ⑨ 長田 ⇔ ⑧ 新長田 ⇔ ⑦ 板宿

(定期販売所一覧)

販売場所	電話	営業時間	休業日
三宮駅	365-5478-2456	月～金 7:00～19:00 土～日・祝 10:00～17:00	無休
新長田駅	235-6548-8512	月～金 7:00～19:00 日・祝 10:00～15:00	土曜日
名谷駅	325-2564-8457	月～金 7:00～19:00 土～日・祝 10:00～17:00	無休
西神中央駅	213-2365-5458	月～金 7:00～19:00 土～日・祝 10:00～18:00	木曜日

(通学定期料金表) ●定期販売所あり

												三宮●
											県庁前	(1)
										大倉山	(1)	(1)
									上沢	(1)	(1)	(2)
								長田	(1)	(1)	(1)	(2)
							新長田●	(1)	(1)	(2)	(2)	(2)
						板宿	(1)	(1)	(2)	(2)	(2)	(3)
					妙法寺	(1)	(2)	(2)	(3)	(3)	(3)	(4)
				名谷●	(1)	(2)	(2)	(3)	(3)	(3)	(4)	(4)
			学園都市	(1)	(2)	(2)	(3)	(3)	(4)	(5)	(5)	(5)
		伊川谷	(1)	(2)	(2)	(3)	(4)	(4)	(5)	(5)	(6)	(6)
	西神南	(1)	(2)	(2)	(3)	(4)	(4)	(5)	(5)	(6)	(6)	(6)
西神中央●	(1)	(2)	(2)	(3)	(4)	(5)	(5)	(6)	(6)	(7)	(7)	(7)
	西神南	伊川谷	学園都市	名谷●	妙法寺	板宿	新長田●	長田	上沢	大倉山	県庁前	三宮●

(通学定期 料金表)

(1) 1区 (1ヶ月：4,800円　3ヶ月：13,680円　6ヶ月：25,920円)
(2) 2区 (1ヶ月：5,230円　3ヶ月：15,200円　6ヶ月：29,800円)
(3) 3区 (1ヶ月：6,240円　3ヶ月：17,790円　6ヶ月：33,700円)
(4) 4区 (1ヶ月：7,200円　3ヶ月：20,520円　6ヶ月：38,880円)
(5) 5区 (1ヶ月：7,920円　3ヶ月：22,580円　6ヶ月：42,770円)
(6) 6区 (1ヶ月：8,640円　3ヶ月：24,630円　6ヶ月：46,660円)
(7) 7区 (1ヶ月：9,360円　3ヶ月：26,680円　6ヶ月：50,550円)

問題2 次の図は旅行のスケジュール表と料金表カレンダーである。下の問いに対する答えとして、最もよいものを1・2・3・4から一つ選びなさい。

1 まりこさんは7月に沖縄にある石垣島へ旅行に行こうと思うが、お金がないので一番安い日に行くことにした。どの日に出発すると一番安いか。

1 7月4日（日）　　　　　　　2 7月9日（金）
3 7月6日（火）　　　　　　　4 7月5日（月）

2 7月10日（土）に出発しようと思った場合、支払う金額はいくらになるか。

1 62,300円　　　　　　　　2 64,300円
3 59,300円　　　　　　　　4 55,800円

＜スケジュール表＞

※ 追加代金が発生する場合は<u>料金表カレンダーの料金＋下の追加代金</u>をお支払いください。

◆ 乗継便利用（木、土曜日出発）
　EME 720便
　関西空港⇒なは空港（08：00発／10：05着）
　なは空港⇒石垣空港（10:50発／11：50着）
　※ 追加代金 5,000円

◆ 乗継便利用（日、月、水曜日出発）
　EME 725便
　関西空港⇒なは空港（09：05発／11：10着）
　なは空港⇒石垣空港（11:40発／12：40着）
　※ 追加代金3,000円

◆ 直行便利用（火、金曜日出発）
　EME 727便
　関西空港⇒石垣空港（14：30発／17：35着）
　※ 追加代金無し

-------------＜乗継便ご利用のイメージ＞-------------
関西空港 ⇒ なは空港 --- なは空港【乗継】⇒ 石垣空港

＜7月の料金表カレンダー＞

日	月	火	水	木	金	土
/	/	/	/	1 51,800円	2 55,800円	3 59,300円
4 50,800円	5 51,800円	6 51,800円	7 51,800円	8 51,800円	9 55,800円	10 59,300円
11 55,800円	12 55,800円	13 55,800円	14 55,800円	15 55,800円	16 64,800円	17 80,800円
18 80,800円	19 60,800円	20 60,800円	21 60,800円	22 60,800円	23 64,800円	24 73,800円
25 60,800円	26 60,800円	27 60,800円	28 60,800円	29 60,800円	30 64,800円	31 73,800円

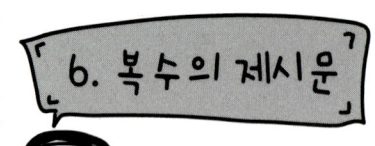
6. 복수의 제시문

복수의 지문을 제시하는 문제유형은 두 개 이상의 지문을 읽고, 비교·통합해서 문제를 푸는 유형이다. 읽어야 하는 지문이 많기 때문에, 지문부터 읽고 문제를 파악하게 되면, 다시 지문을 확인해야 할 수도 있어 시간만 낭비하게 되는 실수를 범할 수 있다. 그리고 항상 두 개의 지문을 모두 읽고 푸는 문제만 출제 되는 것이 아니라, 하나의 지문만 읽고 푸는 문제도 출제되기 때문에, 지문을 읽기 전에 문제를 먼저 파악하는 것이 가장 중요하다고 할 수 있다.

問題1 次のAとBはそれぞれ別の文章である。AとBの両方を読んで、後の問いに対する答えとして、最もよいものを1・2・3・4から一つ選びなさい。

[A]

　男性と女性の脳は違います。体の造りが違うのは一目で分かりますが、考え方や行動は男性と女性でまったく違います。中には男性っぽい女性の方や、逆に女性っぽい男性の方もいますが、構造的に違うことは確かです。では具体的に「男性と女性の脳の違い」はどこにあるのでしょうか。
　ある実験で、男性と女性に建物の図を見せたところ、男性の場合は脳の一部だけが集中的に働いているのに対し(注1)、女性の場合は、脳が働いている場所はこれといって決まっていなかったということがわかりました。また、女性は論理的に物事を考える事があまり得意ではないと言われています。もしかしたら、理系(注2)方面に女性が少ないのは、たぶんそれが理由なのかもしれません。ただ、女性でも理系が得意な人もいますし、個人差もあります。一般的な話では、「口喧嘩(注3)じゃ女性には勝てない」や、「よくしゃべる」、「感情的になりやすい」などと言われますが、このような現象を脳の働きという観点から見ると、非常に面白いことがわかります。女性は右の脳と左の脳をつなぐ脳の器官が男性よりも大きく、会話をする時は左右両方の脳を使って話をしますが、男性は、ほぼ、言語中枢(注4)がある左の脳だけを使って会話をします。さらに、男性は理論立てて必要な事だけを話そうとする一方で、女性は必要な事以外も会話の中に入ってきます。ですから、女性が感情的になりやすいのは、会話をしている時に脳全体を使っているので全ての情報が入り混じり、理論立ててまとまった話ができなくなる傾向があるからだと言われています。男性の場合は、会話の時に使う部分、理論を組み立てる時に使う部分、感情的になる部分が脳の中で分けられているので、会話中などは感情的になりにくいです。従って、異性と口喧嘩になると、男性が女性に言い負かされてしまうのは、男性が必要事項をまとめようとし、感情的になりにくいからだというわけです。

[B]

　病院に行く場合も男性と女性の違いは歴然(注5)です。男性は付き添い(注6)を連れて来る場合が多く、診療室まで奥さんと一緒に入って来ます。そして、病気や薬の説明を一緒に聞くだけでなく、何時からどのような症状があったかなど、症状を事細かく奥さんが説明します。すべての男性がそうではありませんが、逆の場合、女性でこのような人はほとんど見かけません。

　また、入院や手術が必要になった場合も、男性と女性には明白な差が見られます。男性の場合は、たいてい動揺してしまい、こちらの説明をほとんど理解していないばかりでなく、誤解してしまっている人が比較的多く見られます。一方、女性の場合は、まるで他人の事のように冷静に受け止める人が多く、説明を聞いている最中でさえ、入院や手術の日、入院するまでの準備方法や、退院してからの予定まで考えている場合も少なくありません。

　また、病気が悪性(注7)の場合、男性は幾ら詳しく説明しても受け入れようとせず、手術後も「私の病気は本当に悪性だったのでしょうか？」と何度も同じ質問をします。その点、女性は潔い(注8)人が多く、「悪いところを取ってもらってさっぱりした」などと言われる事がよくあります。

　このようなことから、女性は男性に比べ、冷静な判断力が勝っているといえるでしょう。

（注１）対し：直接に物事に対する
（注２）理系：理科系である学科
（注３）口喧嘩：言葉で喧嘩する
（注４）言語中枢：脳の中の言葉を話すための部分
（注５）歴然：はっきりと分かる様子
（注６）付き添い：世話をするため、そばにいる人
（注７）悪性：悪い性質をもっている
（注８）潔い：きっぱりしていて気持ちが良い様子

[1] Aの記事にのみ触れられている内容はどれか。
 1 男性は診療室に奥さんが入ってくることが多い。
 2 男性に比べ女性は冷静な判断力が勝る。
 3 男性に比べ女性は論理的な考え方が得意ではない。
 4 男性は女性に比べ動揺しやすい傾向にある。

[2] 男性と女性の考え方はどうだと言っているか。
 1 明らかに違いがある。
 2 少しの違いはあるが、ほとんど同じである。
 3 全く同じである。
 4 違いはあるが、それを説明できるものがない。

[3] 男性と女性の脳について、Aの筆者とBの筆者はどのような立場をとっているか。
 1 AもBも、男性に肯定的である。
 2 AもBも、女性に肯定的である。
 3 Aは女性に肯定的であるが、Bは男性に肯定的である。
 4 Aは男性に肯定的であるが、Bは女性に肯定的である。

問題2 次のAとBはそれぞれ別の文章である。AとBの両方を読んで、後の問いに対する答えとして、最もよいものを1・2・3・4から一つ選びなさい。

[A]

　コミュニケーションの道具として、とても便利な電子メールは生活の上で欠かせない存在になっています。特に仕事での電子メールは、取引先との連絡手段として用いることが多く、その場合も相手の在席(注1)を気にすることなく送られるという利点があります。また、電話では直接話しにくいことを電子メールを使って伝えることができるのも大きな利点です。しかし、電子メールには誤解を招きやすい点もあります。少しの書き間違いや文章の表現方法により相手を傷つけて(注2)しまったり、内容の受け取り方の違いなどから誤解が生じたりと関係の悪化につながってしまうこともあり、初めて会う人やまだ会ったことのない人に対して使用する場合は注意が必要です。

　では、なぜ、電子メールでの連絡は誤解を生じやすいのでしょうか。それは、対面でのコミュニケーションよりも伝達できる情報量がとても少ないからです。例えば、自身が作成した書類にミスがあり、それに気づいた同僚が「この書類にミスがあります」と話しかけてきたとしましょう。この時、ほとんどの人の場合は相手の言葉に加え、表情も確認するはずです。そのとき相手が笑顔なら、少しの指摘程度と解釈できるが、真剣な表情なら怒っていると感じるでしょう。

　このように私達のコミュニケーションは言葉に加え、相手の表情や声などの情報を五感(注3)で集めて相手が何を言おうとしているのかを理解するのです。

[B]

　近年、電子メールはパソコンだけではなく、携帯電話の機能の1つでもあり、コミュニケーションの道具として利用されています。誰でも簡単で手軽に使えるため、つい夢中になり、依存する人が増えています。電子メールには薬物(注4)のような中毒性があるため、依存してしまうと大変です。特に子どもが使用する場合は夢中になりやすいため、注意が必要です。電子メールに依存すると、メールが来ないと何度もメールを確認したり、過去に届いたメールや自分の書いたメールを読み返すなど、精神的に落ち着かない状態になります。また、メールの返事が無い場合、メールの内容を相手が誤解しているのではないかと良くないほうに考えたり、相手から見放されて(注5)しまったのではないかという孤独感に襲われ、不安になってしまう人もいます。

　しかし、最近は子どもだけの問題ではなくなってきています。例えば、会議中でも携帯電話からメールを送ったり、他人がプレゼンテーションしている最中にも関わらずメールチェックをせずにはいられない人、さらには子どもと遊んでいる時でさえメールを確認してしまうといった人が増えています。このような依存症にならないためには、数分間隔でのメールチェックをやめる、メールの受信(注6)箱を溜めたままにしない、緊急を要する用件ならメールではなく、電話で直接伝えてもらうなど、これまでの習慣化された行動を見直す必要があります。

（注1）在席：自分の席にいること
（注2）傷つける：人の心の状態をそこなう
（注3）五感：見る、聞くなど人間の体にある5つの感覚
（注4）薬物：薬となる物質や薬
（注5）見放す：相手との関係を断つこと、見捨てる
（注6）受信：メールなどを受け取ること

[1] Bの記事にのみ触れられている内容はどれか。

1　電子メールは手軽に使えるコミュニケーション道具の1つである。
2　人はメールの内容だけでなく表情や声などからも相手を理解しようとする。
3　電子メールは中毒性があり、依存しやすい。
4　言いにくいことをメールで伝えることができる。

[2] 電子メールにはどのような問題があると言っているか。

1　誰でも簡単に使えるが、友達がいないと使えない。
2　声や表情などの情報がないため、誤解が生じやすい。
3　受信件数が限られているため、受信できない場合もある。
4　文章量に限りがあり、書きたいことが全て書けない。

[3] 電子メールの使用について、Aの筆者とBの筆者はどのような意見を述べているか。

1　AもBも否定的な意見を述べている。
2　Aは否定的であるが、Bは肯定的な意見を述べている。
3　Aは肯定的であるが、Bは否定的な意見を述べている。
4　AもBも肯定的な意見を述べている。

독해 만점을 위한 유형별 실전 연습

독해 유형

	문제유형	유형 설명	문항수
問題8	내용이해(단문)	단문을 읽고 푸는 문제	4
問題9	내용이해(중문)	중문을 읽고 푸는 문제	9
問題10	내용이해(장문)	장문을 읽고 푸는 문제	4
問題11	종합 이해	두 개 이상의 글을 읽고 비교·통합 후 푸는 문제	3
問題12	주장 이해	장문의 글을 읽고 저자의 주장이나 의견 등을 묻는 문제	4
問題13	정보 검색	공고, 팸플릿, 정보지 등의 글을 읽고 정보를 찾는 문제	2

読解

　'독해' 문제에서는 기본적으로 단문(200자 정도)을 읽고 내용 이해가 되는지를 파악하는 문제와 중문(500자 정도)의 논평, 해설, 에세이 등을 읽고 인과관계나 이유, 원인 등을 이해했는지를 묻는 문제, 그리고 해설, 에세이 소설 등의 장문(1,000자 정도)을 읽고, 개요나 전체적으로 전달하려고 하는 필자의 생각, 주장, 의견 등을 이해했는지 묻는 문제로 이루어져 있다. 또한, 복수의 문장(600자 정도)을 읽고 비교·통합하면서 이해했는지를 묻는 문제와 정보 검색을 위해 광고, 팸플릿, 정보지, 비즈니스 문서 등의 정보 소재(700자 정도) 중에서 필요한 정보를 찾아 낼 수 있는 능력이 있는지를 묻는 문제가 출제된다.
　독해 문제를 잘 풀기 위해서는 우선 여러 장르의 글을 많이 읽어 보는 것 이외의 다른 방법은 없다고 할 수 있다. 본서에서는 앞서 배운 6개의 지문 유형에 따른 학습과 함께, 유형별 실전연습, 실전대비 모의고사를 통해 여러 지문을 접하며 시험에 대비할 수 있도록 구성하였다.

문제 유형 8

200자 정도의 단문의 지문을 읽고 푸는 문제로, 4개의 지문에 1문제씩 총 4문제 출제된다.
일상생활이나 업무 등 여러 가지 화제를 포함한 설명문이나 지시문 등을 읽고 내용을 이해하는가를 묻는 문제가 출제되며, 필자가 가장 전하고자 하는 내용이 무엇인지를 알기 위해서는 중심문장을 빨리 찾는 것이 중요하다.

問題８ 次の文章を読んで、後の問に対する答えとして、最もよいものを１・２・３・４から一つ選びなさい。

（１）

　親にほめられたり優しい言葉をかけられた子どもは、他人を思いやる(注1)気持ちなどの社会適応力が高くなることが、ある調査で明らかになった。育児においてほめることの大切さが今回初めて科学的に証明された。調査は、親子約400組を対象に親へのアンケートや親子の行動観察などを行い、主体性(注2)や共感性などの項目で評価した。その結果、親からたくさんほめられた子どもはほめられない子どもよりも社会適応力が高い子が約２倍いることが分かった。また、規則的な睡眠がとれていたり、親子で本を読んだり、買い物したりすることも、子どもの適応力の発達に結びつくことも明らかとなった。

（注１）思いやる：他人の気持ちを配慮する
（注２）主体性：自分の意志や判断で行動しようとする態度

1 本文の内容と合っているものはどれか。

1　この調査で、親から多くほめられた子どもがほめられていない子どもよりも２倍多いことが分かった。
2　適応力を養うために親子で買い物することは良い方法だ。
3　育児においてほめることの大切さは今まで科学的に証明されてきた。
4　親からいくらほめられても規則的な睡眠がとれていなければ、社会適応力は高くならない。

（2）

　丈夫な骨を作るためにはカルシウムとビタミンDが必要になります。ビタミンDはサプリメント(注1)や日光浴で手軽に取り入れることができます。日光浴とは太陽の光を浴びることですが、この太陽の光に含まれている紫外線(注2)が皮膚の下のほうでビタミンDを作り、細菌を殺す効果や病気になりにくくする効果などがあります。また、ビタミンDはがん予防にも効果的で、日光浴をすることで大腸がん(注3)や乳がん(注3)などの発症(注4)を抑えることができます。ビタミンDが不足するとカルシウムの吸収が悪くなり、丈夫な骨を作ることができなくなります。①1日10分程度の日光浴で1日に必要な量のビタミンDが摂取できるため、健康のために毎日続けると良いでしょう。また、日光浴の代わりにサバやイワシなどの青魚を食べることでビタミンDを摂取することができますが、食品からは1日に必要な量の半分程度しか摂取できないため、食品から摂取する場合は日光浴と合わせ両方から摂取する必要があります。

（注1）サプリメント：栄養を補うための食品
（注2）紫外線：太陽の光に含まれ目には見えない光
（注3）大腸がん・乳がん：がんの種類
（注4）発症：病気の症状が現れること

1　①1日10分程度の日光浴で1日に必要な量のビタミンDが摂取できるとあるが、1日10分摂取すると体に効果があるものとして当てはまらないものはどれか。

1　カルシウムの吸収が良く骨が丈夫になる。
2　殺菌効果で病気になりにくくなる。
3　紫外線の効果で皮膚が綺麗になる。
4　がんの発生を抑えることができる。

（３）

　人の前に立ってプレゼン(注1)したり、発表したりすることを苦手とする人は多くいるのではないか。それを裏付ける(注2)ように、仕事をしていて一番必要と感じた力は何かという質問では、最上位にプレゼンを成功させる力が上がった。自身はその日のために精一杯の努力をし、勧める企画、商品も良いものだったとする。しかし、それを受け取る側に上手く伝える能力がなければ全ては無かったのと同じになってしまうのだ。ゆえに、仕事を成功させる上で自分の意思や意図を受け取り手に上手く伝え、さらにはそれを良い物だと思わせる力はとても重要なのである。その中でも話し方や目の動き、手の動きは特に重要となる。なぜなら、受け取り側は企画の内容だけではなく話している人間がどのような人物であるかも見ているからである。その時に落ち着き無く、手や目を動かしていては信用できないと判断され、話が伝わりにくくなる。しかし、同じ内容であっても落ち着きのある態度で話せば信用も得られ、感じの良い人間であると認識され、話も伝わりやすくなるのだ。

（注1）プレゼン：（プレゼンテーションの略）計画・企画案などを会議で説明すること
（注2）裏付ける：ある事が確かであることを証明すること

1 筆者がここで最も言いたいことは何か。
　1　仕事を成功させるためには目には見えない努力を工夫することが大切となってくる。
　2　商品や企画の質だけではなく、それを伝える力はとても重要である。
　3　聞き手の顔色を伺っていては、話す時に落ち着きのない態度になってしまう。
　4　話しを聞いてもらうためには受け取る側に上手く聞く力がなければならない。

（4）

　当店(注1)の商品は全て手作り(注2)のものを取り扱っております。作り手のこだわり(注3)が感じられ購入していただいたお客様に何十年も愛され、家族となれるような商品を販売すること、それが初代(注4)社長のこだわりでありました。大量(注5)生産、大量消費、流行の移り変わり(注6)の激しい現代においては、やりずらい事が多いのも正直なところではありますが、そんな時代だからこそ当店のような考えが必要ではないのかとも思います。ですので、移り変わりの激しい世の中であっても変らず①初代社長のこだわりをこれからも守って行きたいと思っております。当店の商品には顔があります。具体的に顔を書いているという訳ではありません。壊れても容易に取り替えることができない、捨てられない、そんな風に愛着(注7)の持てる商品という意味です。当店はそうした商品たちとお客様との良い出会いの場となれることを目指しております。

（万屋規格外）

(注1) 当店：この店、自分の店
(注2) 手作り：機械を使わないで手で作ること
(注3) こだわり：こだわること
(注4) 初代：家や芸や職業などを立てて行った最初の人
(注5) 大量：数量の多いこと、たくさんなこと
(注6) 移り変わり：状況や事態が時間が経つのと同時に変ってゆくこと
(注7) 愛着：なれ親しんだもの、深く心が引かれること

1 ①初代社長のこだわりをこれからも守って行きたいと思っておりますとあるが、初代社長のこだわりを守っていないものはどれか。

1　愛着が持てる商品をしっかりと探し出し販売する。
2　流行しているものに顔を書いて新しい商品として販売する。
3　何十年も前に大量生産されたフィルムカメラを修理して販売する。
4　お客様と同様に商品も大切にして販売する。

（5）

　よく結婚と恋愛は別だという言葉を聞く。確かに内容からして別のものであることは確かである。結婚とは他人から家族になることだし、共同責任が問われない恋愛に比べ責任が重くなるのは当然である。①昔においては結婚とはもっと形式的なもので、家と家とが結び付き、さらに互いの家が繁栄するための大切な行事であった。そこには本人同士の意思ではなく回りからの干渉の方が多く、見合いの5日後には結婚式をした、会ったこともない人と結婚した、などという事が普通にあった。だから、どれだけお互いに好き合っている相手がいたとしても、相手の家と自分の家との間で大きな格差があれば、結婚はできない場合が多く、恋愛さえ許されない事もあった。まさに先に述べた結婚と恋愛は別だという言葉そのものであると解釈できる。では、昔に比べ自由に恋愛が許され本人の意思で結婚する事が容易になった現代においてはこの言葉の解釈はどのようにすべきなのだろうか。

1　①昔においては結婚とはもっと形式的なものとあるが、形式的な結婚に当てはまるものはどれか。

1　親に反対され、結婚式は二人きりで行った。
2　親同士が勝手に決めた結婚相手だったが、良い人と結婚できた。
3　子どもの頃からの友達と結婚した。
4　結婚したいと友達に相談して、紹介してもらった人と結婚した。

（6）

　何か作業をする、例えば鉛筆で字を書く、お箸を使ってご飯を食べる、このような時に、右を使う人は右利き、反対に左を使う人は左利き、両方で同じ作業が可能な人は両利きと呼ばれています。「あなたの利き手はどちらですか」ときかれた時、答えられない人は多くはないでしょう。しかし、もし「あなたの利き目はどちらですか」と聞かれたらどうでしょう。すぐに答えられる人は何人いることでしょうか。そもそも目に右利きも左利きもあるのかと、そう考える人もいるのではないでしょうか。結論から言うと「利き目」はあります。でも手と違って、他人から見ても自分で使っていても、どちらが利き目であるかは分かりません。

　今回はその利き目の確かめ方を書きたいと思います。まず、片手の指で輪を作って下さい。輪を作った方の手をそのまま前に突き出し(注1)ます。その状態で遠くにある目標物を輪の中に入れます。この時は両方の目を開けていて下さい。あとはその状態のまま片方の目を交代で閉じ、目標物がずれてしまわない方の目がその人の利き目となります。

（注1）突き出し：(突き出す) 前に出す

1 本文の内容と合っているものはどれか。

1　片方の目を閉じた時にずれる方が利き目である。
2　左利きの人には右の手も使える人が多い。
3　利き目は外見からは分からない。
4　自分の利き手を分かっている人は少ない。

(7)

　お金の消費傾向は世代別で異なります。今までは上の世代の人たちは老後(注1)の事を考えて節約してお金をため、逆に若い世代の人たちは自分の興味のあるものにお金を惜しまず使う人が多かったように思います。しかし最近、不況の影響で将来の生活の不安、また結婚や出産などの資金を親に頼らずに自分で出そうとして貯金している若者の姿も少し見られるようになりました。このことから消費傾向は時代背景によって変わることを実感しました。

(注1)　老後：年をとってから後のこと

[1] 本文の内容と合っているものはどれか。
　1　お金の消費傾向は同じ世代の人はみんな同じだ。
　2　若い人は結婚資金を自分で出すためだけにお金をためている。
　3　最近でも自分の興味のあるものにお金を惜しまず使う若者はいる。
　4　消費傾向は時代背景に影響することはない。

（8）

　日本で最近ドラマのテーマともなり注目を浴びているツイッター。ツイッターとは140字以内の短いメッセージをやりとり(注1)するものでメールやブログと同様、コミュニケーション方法の一つだ。一瞬140字は短いと思う人がいるかもしれないが、「今から寝ます」「ご飯何食べる？」などの文がメールやブログなどで更新(注2)されてもコミュニケーションがスムーズ(注3)に行えないことも多い。それに引き換え、ツイッターは最初から何を書いてもＯＫというサービスなので、いつでも自分がその時思った事を送ったり、人のメッセージに返信したりすることができるので、時間に余裕がそれほどない社会人も使いやすいだろう。

（注1）やりとり：意見などを交換すること
（注2）更新：新しく改めること
（注3）スムーズ：円滑

[1] 筆者はツイッターとはどういうものだと言っているか。
1　メールやブログの代わりとして注目されているもの
2　自分が好きなときに短い文で人とコミュニケーションができるもの
3　しょっちゅう更新しなければいけないので社会人には不便なもの
4　メールやブログなどで書けないような長い文が書けるのでコミュニケーションが楽にできるもの

(9)

　世界的にまだまだ景気はよくありませんが、日本では最近高価な酒や、食品、服などが消費者に好まれています。このことから最近の消費者は少し高くてもいいものがほしいという傾向が強くなっていることが分かります。しかし、だからといって外でお金を使うというのではありません。家の中で楽しむのです。例えば、食事をするにしてもレストランに行くのではなく、自宅で贅沢に高価な料理とお酒を楽しむというふうにです。このような人は最近①巣ごもリッチと呼ばれています。

1　①巣ごもリッチとあるが、この例として正しいものはどれか。

1　遠くに旅行に行くのではなく、高価な車を買って近所をドライブする。

2　スキーに行くのではなく、家でスキーをテーマにした映画を楽しむ。

3　店でマフラーを買うのではなく、自分で編んで自分だけのデザインのマフラーを作る。

4　マッサージに行くのではなく、家に高価なマッサージの機械を買ってリラックスする。

（10）

　私の幼い頃の夢はパン屋を開くことだった。なぜパン屋になりたかったのか小学生の時は分からなかった。なぜならその頃、私はパンよりもご飯や麺類(めんるい)を好んで食べていたからだ。しかし、なぜか学校の先生や親に、将来何になりたいのかと聞かれる度にパン屋さんになりたいと言っていた。

　当時、私の家にはよく近所のおばさんがパンを焼いて家に持ってきてくれていた。そのパンはどれもおいしかった。家族みんなそのパンが好きで食べている時、本当に幸せそうだった。中学生になったある日、①そのパンを食べながら気づいた。小学生の私はパン屋さんになってパンを売れば、みんな幸せになってまた来てくれると考えていたのではないか。だからパン屋になりたいと言っていたのではないだろうかと。

1　①そのパンを食べながら気づいたとあるが、筆者は何に気づいたのか。

1　パン屋になりたいと思った理由
2　近所のおばさんが焼いたパンがおいしい理由
3　先生や親が将来の夢を聞いてくる理由
4　パンよりもご飯が好きだった理由

문제 유형 9

　500자 정도의 논평, 해설, 에세이 등의 지문을 읽고 인과관계나 원인·이유 등을 이해하는가를 묻는 문제로, 3개의 지문에 각 3문제씩 총 9문제 출제된다. 지문 하나에 복수의 문제가 출제되므로, 먼저 읽어야 할 곳은 문제 부분이다. 문제를 잘 읽고 요구하는 질문이 무엇인지를 잘 파악한 다음에 본문을 읽어 내려가는 것이 중요하다.

問題9　次の文章を読んで、後の問に対する答えとして、最もよいものを1・2・3・4から一つ選びなさい。

(1)

　女王バチだけが子孫を残すことができ、他の雌は働きバチ(注1)として集団を営むとされるミツバチ(注1)の中で、働きバチの一部が自ら卵を産み雄バチを産んで育てていることが研究の結果、明らかになった。

　女王側は卵を持つ働きバチを殺すなどして①統率を図っているが、以前の女王の娘だった働きバチに、現女王の娘も加わり、群れの雄のうち4分の1を占める集団を築いていた。このような②内部抗争は、病気や環境の変化に対応するため、多様な子孫を残すのに貢献していると言われている。

　ミツバチの群れは、女王1匹と数パーセントの雄バチ、多くの働きバチで成り立っている。雄は働きバチのように働いたりはせず、女王と一回だけ交尾(注2)し生涯を終える。

　また、ハリナシバチ(注1)の一種を調査したところ、全体のうち77％は現在の女王の息子だったが、4％は女王が産んだ働きバチの子、残り19％は、以前の女王が産んだ働きバチの子だったことが分かった。

　働きバチは、雄の卵のみを産むことが可能であるため、③女王側は卵を持つ働きバチを女王が食べたり、卵を体制側の働きバチが食べたりして組織防衛をしている。一方、卵を産む働きバチは、仕事はせず、自ら産んだ雄の数を維持することに集中し、平均的な働きバチの3倍長く生きるそうだ。

（注１）働きバチ・ミツバチ・ハリナシバチ：蜂(ハチ)という昆虫
（注２）交尾(こうび)：子孫を残す為に雄と雌が行う行為のこと

1 ①統率を図っているとあるが、統率を図るとあっているものはどれか。

1 落ちたりんごを拾い集めようとした。
2 彼の意見に全員が賛成しようとした。
3 社長として社員全員をまとめていこうとした。
4 先生が呼ぶ前にみんな動きだそうとした。

2 ②内部抗争は何に役立っているか。

1 さまざまな環境に対応できる子孫を残すこと
2 自ら産んだ雄の数を維持すること
3 雌に比べて雄が生まれる確立が少ないこと
4 前政権の働きバチの子孫が生き残ること

3 ③女王側は卵を持つ働きバチを女王が食べたり、卵を体制側の働きバチが食べたりとあるが、なぜ女王側はこのようなことをするのか。

1 女王だけが卵を産み、集団行動をすると昔からきまっているから
2 卵を持った働きバチには栄養が多く含まれているから
3 働きバチの子どもの方が多くなると自分の組織の威力が低下してしまうから
4 病気や環境の急激な変化に対応するためには自分の卵を大切にしなくてはいけないから

（２）

　晩御飯の準備をしていた時、ふと振り向くと、下の息子が背中を丸めながら床に座って、うさぎ小屋からうさぎを出してなでていた。今から４年前ほど前にうさぎはこの家にやってきた。名前は「ミミ」という。聞いてはいたが、このうさぎという動物は、賢くないわ、愛想は悪いわ、乱暴物だわで、小学四年生と六年生の息子達は、飼う条件であったうさぎの小屋掃除と餌やりだけを毎日しているのだと思っていた。だから、①可愛がってなでるのはこの家で私一人かと思っていた。

　私は、息子もうさぎをなでるのかと思った。緊張が抜けうさぎの体は平らに伸びている。それを見ると、うさぎはお腹の中にいる時、こんな風に畳まれていたのかもしれないと私はいつもそう思う。

　下の息子は今何を考えながら、うさぎをなでているのだろうか。私は息子に「ミミ気持ち良さそうだね。」と声を掛けてみた。すると息子は、恥ずかしそうに背中をさらに丸くした。私は「なでられるのっていい気持ちなのかな。」と思い、ふざけて後ろから息子の頭をなでてやった。すると生意気な時期の②この子が、にやっと嬉しそうに私を見上げて恥ずかしがらずにこう言った。「いい気持ち、もっと、もっと。」これには私の方が焦らされた。この子の甘えた声を聞いたのはいつぶりだろうか。私たちの話が聞こえたらしく、隣の部屋から長男が出てきて自分もなでてと嬉しそうに私の前にきて頭を出した。私は両方の手で大きくなった息子達の頭をなでる。いや、違う。まだ頭をなでてやる年だったんだ。

1 ①可愛がってなでるのはこの家で私一人かと思っていたとあるが、作者はなぜ可愛がっているのが自分だけであると思っていたのか。

1 息子がうさぎを可愛がっている様子を見たことがなかったから
2 うさぎが賢く、愛想が良く、乱暴者だから
3 息子達が小学四年生と六年生になって前より大きくなったから
4 なでるとうさぎが平らに伸びるから

2 ②この子とは誰のことか。

1 下の息子
2 ミミ
3 長男
4 上の息子

3 本文の内容に当てはまるものはどれか。

1 うさぎの飼い方はとても難しいが、なでてやると喜ぶ。
2 うさぎのようになでられて喜ぶ息子達を見て大きくなったなと思った。
3 もう大きくなったと思っていた息子達だが、まだなでられて喜ぶ年だったと気付いた。
4 大きくなってしまった息子達は生意気すぎて可愛さがない。

（３）

　職業訓練とは国が定めた労働者や求職者(注1)に対して、最終的に就職を目的とした、職業に必要な技術や能力を身に付けるための制度です。職業訓練は大きく分けて２つあり、その中でも一般的に知られているのは公共職業訓練です。主に国や都道府県、または民間の大学や事業主(注2)等が職業訓練校を設置し、①その対象者は未就業者や失業者で、対象者は申し込みすれば無料で受講できるうえ、失業保険の給付(注3)も延長して支給されるという利点があります。無料とはいえ、年に１回しか募集しない職業訓練もあるので、②前もって情報を集めておくと便利です。

　訓練の分野ですが、最近では肉体労働のような体力を必要とする仕事ばかりではなく、事務や営業、デザインなど多種多様な訓練も用意されています。中にはうどんに関する知識や技術などを習得(注4)する「さぬきうどん科」といったユニークな職業訓練がある地域もあります。これらは地域ごとに違うため、誰もが受けられるというわけではありません。また訓練期間は訓練内容ごとにそれぞれ違いますが、だいたい３～６ヶ月で受講できるものが多いようです。

　職業訓練を受けるとき、筆記試験と面接試験の両方があり、その両方を総合的に判断し合否が決まります。職業訓練を受ける前には、自分の職業に対する適性を検査し、自分がどの仕事に向いているかを調べる必要があります。また、この面接試験では④当然ながら意欲の高い人が優先されますので、日頃から自己紹介や自己アピールなどを整理し準備しておくとよいでしょう。

（注１）求職者：職業を求めるもの
（注２）事業主：経営を営む者
（注３）給付：特定の相手にサービスを与えること
（注４）習得：学問や技術などを見習って身につけること

1 ①そのとあるが、何を指すか。
 1　事業主
 2　職業訓練校
 3　未就業者
 4　失業者

2 ②前もってとあるが、本文と同じ使い方のものはどれか。
 1　宿題が多いからと前もって勝手に宿題を作った。
 2　スープが冷めるといけないから前もって席に置いておいた。
 3　明日は友達の結婚式だから前もってお金を用意しておかないといけない。
 4　右手が骨折したので前もって左手で食べることにした。

3 ④当然ながら意欲の高い人が優先されますとあるが、それはなぜか。
 1　職業訓練を受けなくても手に職をもっているかもしれないから
 2　自分の向いてる仕事が分かっている人が受ける訓練だから
 3　失業者に教えるとお金がもったいないから
 4　最終的に就職することを目的として訓練を行っているから

（4）

　ロールケーキとは、平らに焼いたスポンジケーキの上に生クリームを乗せ、それをクルクル巻いたとてもシンプルな洋菓子(注1)である。最近では、ロールケーキ専門店や、コンビニでも手軽に購入することができ、男女問わず人気のある商品である。このケーキは昭和30年から日本人のおやつとして親しまれており、①手土産(注2)にも最適である。名前の歴史はスイスのお菓子「ルーラート」を参考にしてできたと言われているが、ロールケーキの誕生はフランスのクリスマスケーキ「ブッシュ・ド・ノエル」が原点とも言われている。シンプルなロールケーキは②アレンジしやすいのが特徴である。昔は生クリームの入ったロールケーキが一般的だったが、今ではクリームと苺や桃などの果物を一緒に巻いたものや、スポンジケーキそのものをチョコレート味や抹茶味にしたチョコレートロール、抹茶ロールなどアレンジしたものが多く、更に、季節ごとに発売される限定のロールケーキは大変人気である。また、ロールケーキは人数に合わせて切る幅を変えることができるので、訪問する家への手土産として持っていきやすいのも利点の1つである。

　日本の北九州市にある小倉ロールケーキ研究会では6月6日を「ロールケーキの日」とし、「ロールケーキ食べくらべ会」を行う。また、この日は日本記念日協会にも認定されており、初めの「ロ」の音と「6」のクルクル巻くイメージから思いついたようだ。この「ロールケーキ食べくらべ会」では、研究会のメンバーが一人1本以上おすすめのロールケーキを持って来て、皆で食べながら意見交換するというもので、北九州市ではこれまでにも町おこし(注3)のためにさまざまなイベントを行ってきた。

（注1）洋菓子：小麦粉、砂糖、卵などで作った西洋風の菓子
（注2）手土産：人を訪ねるときに持っていくみやげの品
（注3）町おこし：その町の経済や文化を活性化させること

1 ①手土産にも最適とあるが、なぜ最適なのか。

1 その時の人数に応じて切る幅を変えれば人数が多くでも対応できるから
2 ロールケーキは形が長細いため普通のケーキよりも沢山食べることができるから
3 自分で作って持っていくと相手に喜ばれやすいから
4 見た目が派手で相手に喜ばれやすいから

2 ②アレンジしやすいのが特徴とあるが、本文にあるアレンジと違うものはどれか。

1 クリームと果物を一緒に巻いたフルーツロール
2 スポンジそのものに味をつけて巻いた抹茶ロール
3 季節限定のロールケーキ
4 生クリームを乗せて巻いた生クリームロール

3 本文の内容と合っているものはどれか。

1 6月6日はロールケーキの日であり、一人1本ロールケーキを食べる日である。
2 ロールケーキは昔から日本人のおやつとして親しまれていた西洋の菓子である。
3 小倉ロールケーキ研究会の人たちが新しいロールケーキ作りに日々努力をしている。
4 町おこしの1つとして誕生日はロールケーキを買って食べる習慣があった。

（5）

　人間の平常時の体温の平均温度は36.5度ぐらいである。この温度は最も体の中の酵素(注1)が活性化(注2)する温度である。しかし近頃この温度が1度ほど低い35度台の低体温と呼ばれる症状を持つ人が増えている。低体温は以前までは女性に多く見られる症状であったが、最近では男女を問わず、さらには平均体温が大人より高いとされる子どもの間でも増加の傾向が見られる。①低体温は体にとっては良いことではない、まず体の中の酵素の働きが低下する、すると血の流れが悪くなり、免疫力(注3)が低下し、慢性的な疲労やアレルギー、風邪などの病気にかかりやすくなる。②低体温になる原因は生活習慣にあると考えられる。とりわけ、食生活(注4)の乱れ(注5)は直接的な要因となる。人間は食べ物を食べ、そこから糖質(注6)を摂取(注7)し、エネルギーや熱を作り出して体温を保っている。そして糖質を体内でエネルギーに変えるために必要なのが、ミネラルとビタミンである。この二つが不足してしまうと、いくら体の中に糖質を取り入れようが、それを充分にエネルギーや熱に変えることができない。そうなると、体の体温が上がらずに結果として低体温となってしまうのだ。

　現代人は昔に比べ、加工された食べ物を食べる機会が多くなった。この事が低体温を引き起こす原因のひとつであると推測される。なぜなら、こういった加工食品はタンパク質・脂肪・糖分は多く含まれているが、前にのべたミネラル・ビタミンはほとんど含まれていないのだ。このような食品を過剰に摂取しつづければ、いくら、他の栄養が摂取できたとしても、③それをエネルギーに変えることができず、新陳代謝(注8)の悪い冷たい体となってしまうのだ。ゆえに、加工食品を多く食する機会の多い現代においては、意識してミネラルやビタミンの多い食べ物を摂取しなければならないのである。

（注1）酵素：たんぱく質を主体とする物質
（注2）活性化：特定の機能が活発になること
（注3）免疫力：病原体や毒素など体に入る異物を除去しようとする力
（注4）食生活：平滑の中で食べる事に関すること
（注5）乱れ：まとまっていないこと
（注6）糖質：糖を主成分とする物質
（注7）摂取：取り入れて自分のものすること
（注8）新陳代謝：新しいものが古いものと取って代ること

1 ①低体温は体にとっては良いことではないとあるが、本文に書かれていないものはどれか。

1 風邪を引きやすくなる。
2 常に疲れている状態になる。
3 酵素が活性化しにくくなる。
4 血の量が少なくなる。

2 ②低体温になる原因は生活習慣にあると考えられるとあるが、そうならないための生活習慣はどれか。

1 色んな種類の加工食品を食べる。
2 １日３リットルの水をたくさん飲む。
3 ご飯だけでも自分で炊いたものを食べる。
4 食後に果物を食べるように習慣づける。

3 ③それとあるが、それに当てはまるものは何か。

1 衛生
2 栄養
3 扶養
4 活性

（6）

　最近ある雑誌が読者女性に対して「料理ができる男性にかっこよさ(注1)を感じるか」という質問をしたところ、回答した50％以上の女性が、「感じる」と答えた。さらに、男性が作った料理に対してどのような印象を受けるかと質問をしたところ、「女性の作る料理と違う豪快(注2)さを感じる」という回答が得られた。男が台所に立つなど恥ずかしい、などと言われた時代はもう昔の話となり、現在では「できなくてもいいが、できるにこしたことはない」とむしろ歓迎の傾向である。

　①その傾向と関係があるのか無いのか、近頃「弁当男子」という言葉をちらほら(注3)聞く機会がある。この弁当男子というのは、会社に自分で作った弁当を持参してくる男性のことである。今まで会社で昼休みに弁当を持参して食べているのは、一部の女性か結婚して妻の作った弁当を持って来る男性だったが、②現在はそれ以外の独身男性が、弁当を持ってくるようになってきているらしい。これには、料理ができる男性を好む女性が増えたことが原因というよりは、社会の不況が大きく関係しているといえる。単純に言えば節約である。しかし、きっかけはどうであれ、弁当を作り始めた男性の多くは、途中から料理そのものの楽しさに目覚める人が多いという。

　このごろデパートやスーパーで、このような弁当を作る男性向けに、弁当箱や調理器具の専門コーナーを設置したところ売り上げが上がったとのことだ。このように不景気によって節約をしようと料理を始めた男性達により、新たな販売シェア(注4)が生まれた。このように予想外にも景気回復に貢献する結果となっている。

（注1）かっこいい：人や物の外見や行動が自分の好みに合っているということ
（注2）豪快：規模が大きくて力強く気持ちがいい様子
（注3）ちらほら：たまにある、少しずつまばらにある
（注4）シェア：市場占有率

1 ①その傾向とあるが、その傾向とはどのような傾向か。

1 社会的な不況
2 男性向けの料理器具の売り上げ上昇
3 料理ができる男性に魅力を感じる女性が増えてきていること
4 ゆっくりと田舎生活を楽しみたい人

2 ②現在はそれ以外の独身男性が、弁当を持ってくるようになってきているらしいとあるが、これの原因となっていうものはどれか。

1 不幸
2 節約
3 会社
4 女性

3 本文の内容と合っているものはどれか。

1 弁当を作らないと生活ができない男性が増えてきている。
2 弁当を作る男性が増える一方で弁当を作らない女性が増えてきている。
3 料理関係の商品を購入する男性が増えてきている。
4 景気を回復させるためには男性が料理をする必要がある。

(7)

　以前までクラシックといえば、少し自分とは縁遠い(注1)存在であると感じていたが、ここ数年の間で身近に感じられるようになった。その理由は万人の例に漏れず少し前に流行したあの漫画の影響であろう。その漫画は音楽の才能に恵まれた現代の若者達を、身近なポップやロックなどではなくクラシックという漫画を読む世代には少し敷居(注2)の高い音楽ジャンルを題材(注3)にし描かれていた。作者がどのような気持ちでこの題材を取り上げたのかは分からないが、安定した人気が得られるのであろう、お決まり(注4)の題材ではないのだから、それなりの覚悟があったのではないかと想像する。そして、その覚悟の甲斐(注5)があったかなかったか漫画は大人気を得、さらには題材となったクラシックも注目を集めた。

　人間というものは大抵にして興味のないものは見ていても聞いていても頭に残らないものである。①これに加えあらかじめの固定概念があれば、それを壊すのは並大抵(注6)のことではない。私がクラシックに持っていた固定概念は、上品、静か、退屈、眠いである。演奏風景からも、とても身近に感じられなかった。この漫画は私の頭の中の固定概念に穴を開け興味の入り口を作ってくれたのである。さらに、同時期に私の好きな劇団がベートーベンを題材に舞台を行なった。これにより、入り口の穴はさらに大きく広げられた。そこから見たクラシックは今までの固定概念とはまったく違い、豪快(注7)で、愉快(注8)で、時には恐怖すら覚える表情豊かなものだった。

　このことで、私は興味の幅を広げることができた。今まで知らなかった楽しみを知ることができたのだ。固定概念は人の視野を狭くし、物事や関係の障害となる。それは、個人の趣味という小さな範囲から、国と国という大きな範囲まで様々なことに当てはまる。

　インターネットが誕生してから、一つのボタンを押すだけで世界の様々なことを、人々は自分の目で見ることなく知識を得られるようになった。しかし、②その知識は時に固定概念へと変化する。私のクラシックのように向き合う(注9)前から、それの価値を決めつけ、新たな楽しみとなる可能性を潰してしまうのだ。

（注1）縁遠い：関係が薄い
（注2）敷居：部屋の境にある横木、溝など
（注3）題材：創作や研究などの主題となるもの
（注4）お決まり：よくあること

（注５）甲斐：期待できるだけの価値
（注６）並大抵：普通に考えることができる程度のこと
（注７）豪快：規模が大きくて力強い様子、見ていて気持ちのよい様子
（注８）愉快：楽しくまたはおもしろく気持ちのよいこと
（注９）向き合う：互いの正面を見ること

1 ①これとあるが、これに当てはまるものはどれか。
　1　多くの人間は興味が無いと知識が頭に残らない。
　2　クラシックに興味を持てたのは漫画のおかげである。
　3　漫画を読む世代には敷居が高い。
　4　クラシックを題材にする漫画はそれなりの覚悟が無いと作れない。

2 ②その知識とあるが、その知識に当てはまるものはどれか。
　1　インターネットで見た海外の写真に感動し、実際に見に行った。
　2　インターネットや本を読んで知った事を友達に教えてあげた。
　3　旅行を通じて知った事を自分のホームページに書いた。
　4　綺麗な花を見つけたので花の名前をインターネットで調べた。

3 本文の内容に当てはまるものはどれか。
　1　固定概念を取り除くためには漫画はとてもいい材料である。
　2　インターネットは個人の趣味にとめておいたほうがいい。
　3　沢山の楽しみを見つけるためには固定概念を持ちすぎないようにした方がいい。
　4　人間は自分の目で見た事しか知識として認識しないほうがいい。

(8)

　昔、ある国に水が光っている①美しい湖があり、その近くに一つの小さな村がありました。そこに住んでいる人たちは親切な人ばかりで、本当に楽しい村でした。けれどもその湖の水が黒く濁ってくると、この村に悲しいことがあるという噂がありました。この村にルルとミミという兄弟がいました。二人のお父さんはこの国でたった一人の鐘を作る職人で、お母さんが亡くなったあと、二人の子どもを大事に育てていました。

　ところがある日、この村の寺の鐘にひびがはいってしまったので、村の人たちに頼まれて新しく作り上げた(注1)のですが、なぜか音がちっとも出ません。お父さんはそれを恥ずかしがってある夜、二人の子どもを残して湖へ身を投げてしまいました。その時、この湖の水は一面に真っ黒く濁っていたのでした。そして、ルルとミミのお父さんが身を投げるとまもなく、湖はまたもと通りにとても綺麗な水に戻ったのでした。それからしばらくの間、この村の寺の鐘を作る人はいませんでした。

　村の人々は皆、ルルとミミを可愛がって育てました。そうして、いつもルルに言ってきかせました。「早く大きくなって、いい鐘を作って寺に渡すんだよ。そうすればきっと死んだお父さんも喜ぶはずだよ。」ルルは本当に②そうしたいと思いました。

（注1）作り上げる：完成させる

[1] ①美しい湖とあるが、この湖について正しく説明されているものはどれか。
1 村に悲しいことがないときの湖の水はとても綺麗だ。
2 ルルとミミの父親が湖に身を投げた時、水面の一部が黒く濁った。
3 村に悲しいことがある一ヶ月前から湖の水が黒く濁る。
4 村の人たちが鐘を作る度に黒く濁る。

[2] ②そうしたいとあるが、どうしたいのか。
1 他の子どもよりも早く背が伸びたい。
2 村のために父が作った音が出ない鐘を音が出るようにしたい。
3 寺に新しい鐘を作って父を喜ばせたい。
4 早く成長して、ミミを自分で育てたい。

[3] 本文の内容と合っているものはどれか。
1 ルルとミミの両親は両方とも湖に身を投げて死んでしまった。
2 父が死んだ後、二人は村の人々に育てられた。
3 この村には鐘職人が２人しかいなかった。
4 ルルとミミが育った村は親切な人のみが住める村だ。

（９）

　博物館には色々な美しいものや珍しい品物が並べてあります。皆さんの中には、博物館に並べてあるものはお金で買うことのできないということが、デパートと違っているところだと思う人がいるかもしれません。またそれらの店よりも面白いものや綺麗なものが少ないところだと言う人もいるかもしれません。しかし博物館とデパートの違いは、決してそのような点ばかりではないのです。

　デパートでは客の目を引くように、美しいものや珍しいものを、たいてい何の秩序もなく並べ立てて(注1)ありますが、博物館の陳列品は皆、種類を分け順序をつけ、その品物には①いちいち分かるような説明をつけて、それを見て回るうちに自然に勉強ができるようにしてあるのです。そのため、博物館は品物を買いに行くところでもなく、また遊びに行くところでもありません。皆さんの学校と同じように勉強をしたり、学問をする場所なのです。もっとも学校と違うところは、博物館には先生がいないことです。また時間も決まっているわけではないので、誰でも博物館に行けば、自由に勉強ができ時間に縛られなくても済みます。けれども、先生のように親切に教えてくださる人がいないのと休みの時間に友達と楽しく遊ぶことができないので、偶に退屈してしまうこともあるでしょう。

（注1）並べ立てる：沢山の物をどんどん並べること

[1] 筆者は博物館はどういうところだと言っているか。
1 デパートよりも品物を安く買えるところ
2 友達と行かないとおもしろくないところ
3 品物の説明を見ながら買い物するところ
4 見てる間に色々学ぶことができるところ

[2] ①いちいち分かるような説明をつけてとあるが、いちいちの使い方として正しいものはどれか。
1 体育祭のダンスについての意見はたくさん出たのだが、みんないちいちだ。
2 部下が営業成績を上げてきた。私もいちいちしていられない。
3 彼は私の意見にいちいち文句をつけてくる。
4 初めての面接ということもあって、彼女の話し方はとてもいちいちだった。

[3] 筆者の意見と合っているものはどれか。
1 博物館とデパートを一緒に考えている人が多い。
2 博物館は学校と同じように勉強をする場所だ。
3 博物館と学校にいる先生の指導方法は全く異なる。
4 デパートより面白い品物が博物館にはある。

(10)
　ここ数年、３Ｄ映像を使った映画が上映(注1)されるようになった。しかし、最近上映されだした３Ｄ映像はデジタル３Ｄというもので以前の３Ｄ映像とは少し違っている。①以前の３Ｄ映画は赤と青のメガネをかけて見るもので、ずっとかけていると色の再現性が損なわれ、目や頭が疲れやすいという欠点があった。
　しかし、新しいデジタル３Ｄでは、独自の技術で１秒間に移すフレーム(注2)を２４～１４４フレームに増やし、目にも優しくとても鮮明(注3)な３Ｄ映像を見ることができる。
　このように映画館でだけで楽しめると思われている３Ｄ映像だが、これからは家でも楽しめることになりそうだ。なぜなら家庭のテレビにも３Ｄ機能がついたものが販売されるからだ。ただ、みんなに受け入れられるかどうかは分からない。それは、立体映像を見るためには専用のメガネをかける必要があるためだ。②日常感溢れるテレビから立体映像が流れてきた時に、一回一回みんなメガネをつけるだろうか。全ての番組が３Ｄ化するのではないので、見る人はつけたりはずしたりしなければならない。それを果たして面倒くさいと感じはしないだろうか。
　どちらにしても、３Ｄを家で体験できることは今まで無かったことなので経験してみるのもいいと思う。

（注１）上映：映画を客に見せること
（注２）フレーム：テレビや映画の画面
（注３）鮮明：鮮やかではっきりしている様子

1 ①以前の３Ｄ映画とあるが、これについて正しく説明されているものはどれか。

1　メガネをかけるので光が遮断されて直接見るよりも目に優しい。
2　色の付いたメガネをかけて見るので長時間見ていると目が疲れてくる。
3　フレーム数を増やしたのでメガネをつけなくても鮮明に見ることができる。
4　色のついたメガネをつけていると全てのものが赤と青に見えるので気分が悪くなるという欠点がある。

2 ②日常感溢れるテレビとあるが、日常感溢れるものの例として当てはまらないものはどれか。

1　母の手作りお弁当
2　よく行くスーパー
3　家にある洗濯機
4　テレビで特集していた宇宙旅行

3 本文の内容と合っているものはどれか。

1　以前の３Ｄ映像と最近の３Ｄ映像の違いは、赤と青のメガネをかけるかかけないかということだけである。
2　筆者は３Ｄテレビは長所よりも短所が多いので買わないほうがいいと思っている。
3　３Ｄテレビでは全ての番組が３Ｄ映像で放送されるので多くの人から注目を集めている。
4　３Ｄテレビでは３Ｄ映像が流れるたびにメガネをつけなければならないので全ての人に受け入れられるかは疑問だ。

문제 유형 10

1000자 정도의 장문의 해설, 에세이, 소설 등의 지문을 읽고 전체의 개요나 필자의 생각 등을 이해하는가를 묻는 문제로, 1개의 지문에 4문제 출제된다. 장문의 지문이지만, 먼저 문제를 읽고, 다음에 문제에 해당하는 부분까지를 읽고, 문제를 해결한 다음, 다음 문제를 읽는 식으로 풀어가면 문제풀이 시간을 단축할 수 있다. 문장이 길어졌다고 당황해 할 필요는 없다.

問題10 次の文章を読んで、後の問に対する答えとして、最もよいものを1・2・3・4から一つ選びなさい。

(1)

　本誌(注1)は、以下に掲載される素晴らしい投書に対してお答えすると同時に、①読者にこのような素晴らしい方がおられることを、心から嬉しく思います。
　「こんにちは、新聞のおじさん。私は八歳の女の子です。実は、友達がサンタクロースはいないというのです。パパは、分からない事があったら、サン新聞、というので、お手紙を書きました。新聞のおじさん、本当の事を教えて下さい。サンタクロースはいるのですか？ ヴァージニア・オハンロン」
　ヴァージニア、それは友達の方が間違っているよ。②きっと、何でも疑いたがる年齢で、見たことがないと、信じられないんだね。自分の分かることだけが、全部だと思ってるんだろう。でもね、ヴァージニア、大人でも子どもでも、全部が分かる訳じゃない。この広い宇宙では、人間って小さな小さなものなんだ。僕たちは、この世界のほんの少しのことしか分からないし、本当のことを全部分かろうとするには、まだまだなんだ。
　実はね、ヴァージニア、サンタクロースはいるんだ。愛とか他人を思う心とかがちゃんとあるように、サンタクロースもちゃんといるし、愛もサンタクロースも、僕らに輝きを与えてくれる。もしサンタクロースがいなかったら、ものすごく寂しい世の中になってしまう。ヴァージニアみたいな子がこの世にいなくなるくらい、寂しいことなんだ。サンタクロースがいなかったら、無邪気な子どもの心も、詩を楽しむ心も、人を好きって思う心も、全部なくなってしまう。みんな、何を見たって面白くなくなる、世界を楽しくしてくれる子どもたちの笑顔

も、消えてなくなってしまうだろう。
　サンタクロースがいないだなんていうのなら、妖精(注2)もいないっていうんだろうね。だったら、パパに頼んで、クリスマスイブの日、煙突という煙突全部に、人を見はらせて、サンタクロースが来るかどうか確かめてごらん。サンタクロースが来なかったとしても、なんにも変らない。だってサンタクロースは見た人なんていないし、サンタクロースがいないっていう証拠もないんだから。大事なことは、誰も見た人がいないってこと。妖精が草原で遊んでいるところ、誰か見た人っているかな？　うん、いないよね、でも、いないって証拠もない。世界で誰も見たことがない、見ることができない不思議な事って、③本当のところは、誰にも分からないんだ。
　あのガラガラっておもちゃ、中をあければ、玉が音を鳴らしてるってことが分かるよね。でも、不思議な世界には、どんな強い人が束になってかかっても、こじ開けることのできないカーテンみたいなものがあるんだ。無邪気な心とか、詩を楽しむ心、愛とか、人を好きになる心だけが、そのカーテンを開けることができて、ものすごく綺麗でかっこいい世界を見たり、描いたりすることができるんだ。嘘じゃないかって？　ヴァージニア、これだけはいえる、いつでも、どこでも、本当のことだって。
　サンタクロースはいない？　いいや、ずっと、いつまでもいる。ヴァージニア、何千年、いや、あと十万年たっても、サンタクロースはずっと、子どもたちの心を、わくわくさせてくれると思うよ。

（注１）本誌：この新聞と同じ意味
（注２）妖精：人間の姿をした人間でないもの、西洋の伝説などの多くに登場する、英語名はfairy

1　①読者にこのような素晴らしい方がおられることを、心から嬉しく思いますとあるが、この新聞社が嬉しく思っている読者はどれか。

1　子どもたちの心をわくわくさせるサンタクロース
2　分からない事があったら、サン新聞と子どもに教える父親
3　無邪気な心を持った幼い子ども
4　何でも疑いたがる八歳の女の子

2 ②きっととあるが、きっとの使い方で合っているものはどれか。

1　彼女はきっという間に仕事を終わらせた。

2　あの会議が終わってきっとしたよ。

3　あなたならきっと大丈夫と母は言った。

4　飛んできたボールを彼はきっと避けたので怪我はなかった。

3 ③本当のところは、誰にも分からないんだとあるが、どうして誰にも分からないのですか。

1　いないという証拠もないから

2　無邪気な心や詩を楽しむ心がないから

3　妖精が草原で遊んでいる事があるから

4　サンタクロースがいるという証拠があるから

4 この新聞社が女の子の記事を掲載した理由について一番近いものはどれか。

1　質問があまりに難しかったので、掲載して多くの人に知ってもらいたいから

2　女の子の父親が新聞を買ってくれているから

3　サンタクロースを信じない子どもが増えている事を心配しているから

4　見えないものを信じる気持ちを大切にしてほしいから

（2）

　「あなたは、二十歳を過ぎないで、若死に(注1)します。」
　旅人(注2)のこの言葉に、少年は驚いて旅人の前へ行った。「若死にすることを知っていらっしゃるなら、長く生きることも御存じでしょう、どうか教えてください。」と少年は言った。
　「人の生命は、天が掌ってるから、私の力では、どうすることもできない。」旅人はこういって向こうの方へ歩いて行った。少年は自分一人の力ではどうにもならないので、父親に話して、父親から頼んでもらおうと思った。走って家へ帰り、父親の姿を見るなり慌しく言った。「お父さん、①大変なことがありました。今、不思議な旅人が来て、私を見て、二十歳を過ぎないで若死にすると言いました。私は若死にすることがわかるなら、長く生きることもできるだろうから、教えてくれと言って頼みましたけれど、人の生命のことは、天が掌ってるから、私にはどうすることもできないと言って去ってしまいましたが、あれは、ただの人でないと思います。お父さんが一緒に行って、頼んでください。②きっとあの人は、長く生きることを教えてくれると思います。」父親も驚いた。「そうか、それは大変だ、一緒に行って、頼んでみよう。」

　旅人を追いかけ、家から数十キロほど行ったところで、その旅人の姿を発見した。「今、息子から聞きましたが、あなた様が、息子が若死にするとおっしゃいましたが、天にも地にも一人しかない息子に先だたれ(注3)ましては、生きていてもなんの望みもなくなります。どうかあなた様の力で、息子の若死にを逃れるようにしてくださいませんか。」「あなたの息子であったか、困ったものだな。人の生命は天が掌っているところだから、私の力ではどうにもならんが…。」旅人はしばらく考えこんでいたが、いい考えが浮んだようで、「よし、それでは、酒一本と鹿の肉を準備し、大きな桑の木の根本へ行くがいい。そこにいる二人に酒と鹿の肉を差し出しなさい。」と言った。③父親は喜んで旅人と別れ、息子と一緒に家へ帰るなり、旅人の言った通りに酒と鹿の肉を持って桑の木の根本へ行った。そこには旅人の言った通り、太った二人の男が碁を囲んでいた。少年はそっとそのそばへ行って二つの杯へ酒を入れ、それに添えて鹿の肉の切ったのを置いた。

　「誰だ。そこで何をしているのだ。」南側に座ってる男の言葉に、少年は黙ってお辞儀をした。「この少年は、生命を延ばしてもらおうと思って、酒と鹿の肉を持ってきて二人に御馳走しているのだ。怒ったところで仕方がない、どうにかしてやったらいいだろう。」そう言って、南側の男が手を出すと、北側の男が胸の辺

りから書くものを出して渡した。「お前の齢(注4)を十九から九十にしてやる。」その言葉に、少年は喜んでお辞儀をして帰ってきたのだ。

（注1）若死に：若くて死ぬこと
（注2）旅人：旅行をしている人
（注3）先だつ：先に死ぬこと
（注4）齢：生まれてから生きている間、年齢

1 ①大変なこととあるが、大変なこととはどういうことか。
1 旅人は人の生命を変えることができること
2 旅人に若死にすると言われたこと
3 不思議な旅人に出会ったこと
4 若死にする方法も長く生きる方法も知っていたこと

2 ②きっとあの人は、長く生きることを教えてくれると思いますとあるが、なぜそう思ったのか。
1 ただの人ではないように見え、何かいい方法を知ってるかもしれないと思ったから
2 人の生命について誰よりも詳しく知り、生命を変えることができるから
3 父親と一緒なら長く生きられることも可能だから
4 旅人が言いたいことだけ言って去っていったから

3 ③父親は喜んで旅人と別れとあるが、なぜ父親は喜んだのか。
1 酒と鹿の肉を食べると長く生きられると言われたから
2 人の生命は天が掌っていて、旅人にはどうすることもできなかったから
3 旅人の考えた方法で、息子が長く生きられるかもしれないと思ったから
4 旅人が少年の生命を変えることはできず、頼りにならなかったから

4 本文の内容と合っているものはどれか。
1 不思議な旅人に出会わなかったら、少年は長く生きることができたかもしれない。
2 生命は天が掌っていて旅人の力では変えることはできず、少年は若死にした。
3 不思議な旅人が少年の生命を十九から九十に変えた。
4 桑の木の根本にいた二人の男に酒と鹿の肉を差し出し、生命を延ばしてもらった。

(3)

　昔、昔、あるところに、おじいさんとおばあさんがいました。正直で、人のいいおじいさんとおばあさんでしたが、子どもがいないので飼い犬のシロを本当の子どものようにかわいがっていました。シロもおじいさんとおばあさんに、とてもなついていました。ある日正直なおじいさんが、いつものようにくわを持って畑を掘っているとシロも一緒についてきて、そこらをくんくんかぎまわっていましたが、ふと、おじいさんの服のすそをくわえて畑のすみの、大きな木の下まで連れて行って、前足で土を指しながら、
「ここ掘れ、ワンワン。ここ掘れ、ワンワン」と吠えました。
「何だ、どうしたんだい？」
とおじいさんは言いながら、くわで掘ってみると、かちっと音がして穴の底にきらきら光るものが見えました。どんどん掘って行くと、小判(注1)がたくさん出てきました。おじいさんはびっくりして大きな声でおばあさんを呼び、小判を家の中へ運びました。正直なおじいさんとおばあさんは急にお金持ちになりました。
　すると、隣に住んでいる欲張りおじいさんが、①それを聞いてとても羨ましがって、さっそくシロを借りにきました。正直なおじいさんは性格がいいのでシロを貸してあげました。欲張りおじいさんは嫌がるシロの首に縄をつけて、畑の方へ引っ張っていきました。
「俺の畑にも小判が埋まっているはずだ。さあ、どこだ、どこだ。」と言いながら余計に強く引っ張るとシロは苦しがってやたらそこらの土を引っかきました。欲張りおじいさんは「うん、ここか。よくやった。」と言いながら、掘り始めましたが、掘っても掘っても出てくるのは、石ばかりでした。それでも掘っていくと突然臭いにおいがして汚いものがうじゃうじゃ(注2)と出てきました。欲張りおじいさんは「臭い！」と叫んで、鼻を押さえました。②欲張りおじいさんはとても腹が立ち、その場でシロを殺してしまいました。
　正直おじいさんとおばあさんはそのことを聞いてとても悲しみました。けれども③死んでしまったものは仕方がないので、泣きながらシロの死体を引き取って庭のすみに埋めてお墓の代わりに小さい松の木を一本、その上に植えました。するとその松がみるみる(注3)育ってやがて立派な大木になりました。
「これはシロの形見(注4)だ。」そうおじいさんは言って、その松でうす(注5)を作りました。

（注1）小判：昔使われていたお金
（注2）うじゃうじゃ：たくさん
（注3）みるみる：たちまち
（注4）形見：死んだ人や動物を思い出す手掛かりとなるもの
（注5）うす：餅を作るときに使う道具

1 ①それを聞いてとあるが、それとは何か。

1 正直おじいさんとシロが新しい畑を掘ってお金持ちになった話
2 正直おじいさんが畑に小判を埋めた話
3 シロが畑を掘ったら小判が出てきてお金持ちになった話
4 正直おじいさんが畑を掘ったら小判が出てきてお金持ちになった話

2 ②欲張りおじいさんはとても腹が立ち、その場でシロを殺してしまいましたとあるが、なぜシロを殺したのか。

1 シロが指示した場所に小判はなく、石や臭いものしか出てこなかったから
2 シロは欲張りおじいさんの言うことを聞かなかったから
3 正直おじいさんにしか畑を掘る場所を教えなかったから
4 欲張りおじいさんは自分が掘った穴にはまってしまったから

3 ③死んでしまったものは仕方がないとあるが、この時、正直おじいさんとおばあさんはどのような気持ちだったか。

1 欲張りおじいさんを殺してしまいたいと思う、怒りの気持ち
2 シロがいなくてもなんとかなるという楽観した気持ち
3 欲張りおじいさんがシロを殺したことに対しての後悔の気持ち
4 シロが殺されてしまい切ないが、どうすることもできないと観念する気持ち

4 本文の内容と合っているものはどれか。

1 欲張りおじいさんのせいで正直おじいさんの生活が変わった。
2 正直おじいさんとおばあさんはシロのおかげで長生きできた。
3 正直おじいさんが欲張りおじいさんに小判をあげていたらシロは殺されなかった。
4 正直おじいさんとおばあさんはシロのおかげでお金持ちになった。

（４）

　父は、五年前に死んでいる。けれども、暮らしの不安はない。要するにいい家庭だ。時々、皆で同時におそろしく退屈することがあるので、こうなるといつも言葉に詰まる。今日は曇った日曜日である。このうっとおしい梅雨が過ぎると、夏が来るのである。みんな客間に集って、母は、りんごジュースを作って、五人の子どもに飲ませている。一番下の弟ひとり特別に大きいコップで飲んでいる。

　退屈したときには、①物語の連作(注1)をはじめるのが、この家のならわし(注2)である。たまには母も、加わることがある。

　「何か、無いかねえ。」一番上の兄は、傲慢(注3)な態度であたりを見まわす。

　「今日は、少しふう変わり(注4)な主人公を出してみたいのだが。」

　「老人がいいな。」次女は、机の上にほおづえついて、それも人さし指一本で片頬を支えているという、どうにもきざな形で、「ゆうべ私は、つくづく考えてみたのだけれど、」何、たったいま、ふと思いついただけのことなのである。

　「人間のうちで、一番ロマンチックなのは老人であるということが分かったの。おばあさんは駄目。おじいさんでなくちゃ駄目。おじいさんがこう、縁側にじっとして座っていると、もうそれだけでロマンチックじゃないの。素晴らしいわ。」

　「老人か。」一番上の兄は、ちょっと考える振りをして、「よし、それにしよう。なるべく、甘い愛情豊かな、綺麗な物語がいいな。このあいだの物語は、少し暗くて残酷すぎた。僕はこの頃また、本を読み返しているのだが、どうも肩が凝る。難しすぎる。」率直に②白状した。

　「僕にやらせて下さい。僕に、」たいした考えもせず、突然大声あげて名乗り出たのは一番下の弟である。大コップでりんごジュースを飲んで、ゆっくりと意見を言い出した。「僕は、僕は、こう思いますねえ。」いやに、大人っぽい口調だったので、みんな苦笑した。2番目の兄も、いつもの「けっ」という怪しい笑声を発した。

　一番下の弟は、③ぶうっとふくれて、「僕は、そのおじいさんは、きっと立派な数学者じゃないか、と思うのです。もちろん博士でさ。世界的なんだ。いまは、数学が急激に、どんどん変っている時なんだ。過渡期(注5)が、始まっている。」と。

(注1) 連作：いろんな人が同じテーマで1つの作品を作ること
(注2) ならわし：習慣
(注3) 傲慢：ひとを見下す
(注4) ふう変わり：様子や行動がいつもと違っていること
(注5) 過渡期：古いものから新しいものに変わる途中の時期

1 ①物語の連作をはじめるのが、この家のならわしであるとあるが、なぜか。

1 連作をすることで作家になる希望をもたせたいから
2 親が子どもの勉強に役立たせたいと思っているから
3 連作なら家族全員が参加できて退屈しないから
4 一番下の弟が何でもすぐに飽きてしまうから

2 ②白状したと同じ意味のものはどれか。

1 彼の言うことに腹が立ったが、黙ったまま白状した。
2 私には子どもがいることを彼に白状した。
3 父はいつも白状した態度で私に話しかけるから嫌だ。
4 音楽コンクールに入賞して白状をもらった。

3 ③ぶうっとふくれてとあるが、その時の弟の気持ちは次のうちどれか。

1 兄に負けずと大人っぽい感じで発言してみたが、笑われてしまい悔しかった。
2 りんごジュースを一気に全部飲んだが、うまく飲み込めず辛かった。
3 突然大声をあげて発言したので、喉が痛かった。
4 兄が自分の意見に賛成してくれて嬉しかった。

4 本文の内容と合っているものはどれか。

1 母は子ども全員に大きいコップでリンゴジュースを入れてくれた。
2 父が死んでから家族は仲良くなり連作をするようになった。
3 一番上の兄は次女のアイデアを次の作品に取り入れようとした。
4 次女はおばあさんとおじいさんの両方にロマンチックを感じている。

(5)

　僕の町の座敷童子(注1)の話です。
　まだ明るい昼間、みんなが山へ働きに出て、家には子どもが二人庭で遊んでいました。大きな家には誰もいませんでしたから、辺りはしんとしています。ところが家のどこかの座敷で、ざわっざわっとほうきの音がしたのです。二人の子どもは、お互いの肩をしっかりと組み合って(注2)、①静かに音の正体を確かめに行ってみましたが、どの座敷にも誰もいませんでした。しかし、またどこからともなく、ざわっざわっとほうきの音が聞こえます。遠くで鳴く鳥の声なのか、近くで流れる川の音なのか、二人で色々考えながら、だまってその音を聞いてみましたが、やっぱりどれでもないようでした。でも確かにどこかで、ざわっざわっとほうきの音が聞こえたのです。二人はもう一度こっそり座敷を覗いてみましたが、やっぱりどの座敷にも誰もいなく、ただお日様(注3)の光ばかりがそこらを明るく照らしていました。
　子どもたちが十人、歌いながら両手をつないで丸くなり、ぐるぐるぐるぐる座敷の中を回っていました。どの子もみんな、その家に遊びに来たのです。それから少しすると、いつの間にか子どもは十一人になりました。ひとりも知らない顔はなく、一人も同じ顔もなく、それでもやっぱり、どう数えても十一人いました。増えた一人が座敷童子だぞと大人が出てきて言いました。けれど、誰が増えたのか、子どもは皆自分だけは絶対に座敷童子ではないと、一生懸命胸を張ってきちんと座りました。
　北上川の渡し守が、ある日私に言いました。八月十七日の晩、俺は酒を飲んで早くから寝ていた。向うの岸からおおい、おおいと呼ぶ声がしたので、起きて小屋から出てみたら、お月様はちょうど空の②てっぺんだった。俺は急いで舟を出して、向うの岸へ行ってみたら、立派な着物を着て刀をさした綺麗な子どもがたった一人でそこにいたんだ。渡るかと聞いたら、頼むと言って子どもは舟に乗った。舟が川の真ん中ぐらいに来た時、俺は見ないふりをしながらよく子どもを見た。子どもはきちんと膝に手を置いて、景色を見ながら座っていた。君は今からどこへ行くんだ、どこから来たんだって聞いたら、子どもは可愛い声で答えた。そこの田中の家にずいぶん長く居たけれど、もう飽きたから他へ行くよ。③なぜ飽きたのかって聞いたら、子どもは黙って笑っていた。もう一度どこへ行くのかって聞いたら、川の向うの佐藤の家に行くよと言った。岸についたら子どもはもういなかった。俺は小屋の入り口に座った。夢だったかも知れない。でもきっと

現実だったと思う。それからしばらくして、田中の家が落ちぶれて(注4)、佐藤の家では主人の病気がすっかり治って、息子も大学に合格して、どんどん立派な家になったんだよ。

(注1) 座敷童子：日本で昔から言い伝えられている人の子どもの姿をしているが、人でないもの
(注2) 組み合う：互いに組む
(注3) お日様：太陽
(注4) 落ちぶれ(る)：社会的地位や生活レベルが悪くなること

1 ①静かに音の正体を確かめに行ってみましたとあるが、この時の子ども達の気持ちはどれか。

1 子どもだけでは怖くてたまらない。
2 大人たちが帰ってきたらこの話をしてやりたい。
3 怖い気持ちはあるが、何の音なのか知りたい。
4 どうせ、鳥の鳴き声に違いない。

2 ②てっぺんとあるが、てっぺんの使い方で間違っているものはどれか。

1 大好きだった人と結婚して子どもも生まれ、私は今幸せのてっぺんにいる。
2 やっとのことで山のてっぺんにたどり着いた。
3 このチーズはビニールで完全にてっぺんされている。
4 彼はいつも足の先から頭のてっぺんまで、完璧なファッションで現れる。

3 ③なぜ飽きたのかって聞いたらとあるが、聞かれたのは誰か。

1　綺麗な子ども

2　渡し守

3　田中家の人

4　佐藤の息子

4 座敷童子と関係が無いものはどれですか。

1　遊んでいる子どもの数が一人多い。

2　誰もいない所から音がする。

3　早くから酒を飲む。

4　佐藤の主人の病気が治る。

森は小学五年生のとき、僕達の学校へ入ってきた。ハワイで生まれてハワイの小学校に行っていたが、日本に帰って勉強するために、おばあさんと妹と三人で、僕の家の近所の大きな家に引っ越してきた。
　クラスのうちで一番身体が大きく、一番勉強もできたのでずっと学級委員をしていた。
　森と僕はそれまで一緒に遊んだりしたことはなかったが、いつもニコニコしている子だから嫌いではなかった。力の強い子で、朝教室の前で同級生たちを整列させているとき、学級委員の話を聞かずに乱暴する子がいると黙って首と腕を掴んで引っ張ってくる。そんなときもやはり笑っていた。
　僕が誤って教室の窓を割ってしまった時、森が僕の代わりに先生に謝ってくれたことがあって以来、僕と森は親しくなった。僕が森の家に行って、森の妹と三人でゲームをしたりご飯をごちそうになったりしたことがあるが、①たいていは森が僕の家へ来ることが多かった。なぜなら僕は妹の子守(注1)をすることが多く、家からあまり出られなかったからだ。
　ときどき、僕がしているアルバイトのティッシュ配りに付いてくることもあった。そして、「よし、今度は俺に配らせろよ」と言って、代わりに配ってくれたりもした。
　だから僕は、森がアルバイトについてきてくれるのが心強かった。
「ハワイって、どんなところだい？」
　一緒にアルバイトをしながら、僕達はよくハワイの話をした。森のお父さんも、お母さんもまだそこで大きな店をやっているということだった。
「なかなかいいところだよ。暖かいし。」
「フーン、じゃあ、どうして日本に戻ってきたの？」
「日本語を勉強するためにさ。」
「ヘエ〜、じゃあ、ハワイでは何語を教わっていたんだい？」
「英語さ。」
　僕はますます驚いた。
「じゃ、英語読めるんだね。」
「ああ、話すことだってできるよ。」
　僕はとても不思議な気がして、②森の顔を穴があくほど見た。そしてこの子が何でもない顔をしているから、もっと不思議だった。

しかし森が英語が上手なのは事実だった。六年のとき、僕達の学校を代表して、僕と森は「小学児童学芸大会」に出た。近くの小学校が何十校か集まって、代表児童たちが得意のそろばんや、歌やスピーチなどをして、一番よくできた学校へ商品が渡されるのだ。そのとき僕達は、森が英語でスピーチし、私が通訳することになっていた。
　森はある童話について英語でスピーチしていた。何も見ず森は完璧にスピーチしていた。僕は森からもらった原稿を覚えてどうにか本番(注2)通訳することができた。その結果、学芸大会でいい結果を残すことができ、そのことで僕達はますます仲が良くなった。

（注1）子守：子どもの面倒を見ること
（注2）本番：映画やテレビなどで、実際に撮影や録音を行うこと

1 森の特徴として正しいものはどれか。

1　クラスの子によく乱暴をして先生に怒られていた。
2　クラスで二番目に体が大きく、スポーツもよくできたのでよく学級委員長に選ばれていた。
3　両親と別々に暮らしていた。
4　小学5年生のとき、父の仕事の影響でハワイの小学校に転校した。

2 ①たいていは森が僕の家へ来ることが多かったとあるが、それはなぜか。

1　筆者が森の家でご飯をごちそうになるのが申し訳ないと思い、家に呼んでいたから
2　筆者が妹の面倒を見なければならず、外にあまり出られなかったから
3　森がアルバイトしている場所から家が近かったから
4　森の家におもしろいゲームがなかったから

3 ②森の顔を穴があくほど見たとあるが、これはどういう意味か。

1 ゆうゆうと見つめたという意味
2 ひそかに見つめたという意味
3 ちょっと見つめたという意味
4 じっと見つめたという意味

4 本文の内容と合っているものはどれか。

1 森が転校してきてすぐ筆者と森は親しくなった。
2 森はおばあさんに会いたくて日本に戻ってきた。
3 小学児童学芸大会に出場したことで二人は今まで以上に親しくなった。
4 森はクラスであまり笑顔を見せない生徒だった。

（7）

　若い女性の結婚に対する気持ちが、少しずつ変化して来ていると感じたのは、最近のことではない。去年、ある婦人雑誌が、大学を出て職を持っている女性たちを集めて講演会をしたのだが、そこで結婚問題が出た。その時、出席していた若い女性の一人が自分には結婚というものがまだよく分からない。友達に聞くと、子供を産むために結婚すると言っていたのだが…、と語っていた。

　①当時その記事を読んで色々考えさせられたのは私一人ではなかっただろう。専門教育をうけて、大学の研究室で何か仕事をもっている女性といえば、若い女性として代表的な立場にいるとすべきであろう。その人が、年齢などの関係から結婚というものがよく分からない、というのは娘さんらしい自然さとして素直にうなずける。しかし、結婚と子供とをいきなり結びつけてそれを目的のように言う感覚も、何かこれまでの若い女性の考えにはなかったことだと感じられた。それに②その人は、結婚というものがまだ分かっていないから分かるまで待って結婚したいと思っているのではなく、いずれ両親に紹介される相手と結婚するだろうということを明言している(注1)ように感じた。

　親が決めた相手と結婚して幸福な生活ができないなどと思う気持ちはそれほどないが、それでも、この女性の感じ方はその時司会をしておられた教授をも驚かせたようだった。その教授は、少し意外そうな口調(注2)で、子供を産むためというより、人と人との結びつきを求めるのが、③結婚の真の意味だろうとおっしゃった。

　私たちは、結婚と聞けばそこに男と女とが互いに協力し困難の中助け合い、人間としてより成長しようとする日々の生活を思い描かず(注3)にはいられない熱いものを想像する。他人には分からないほど深い理解心を持ちながら、二人だけの独特な雰囲気を作りながら結婚生活を送っていくものだと。しかし、二十歳くらいの若い女性の感覚が、結婚と子供を簡単に結びつけるという単純なものになってしまっているとすれば、それは不安なことだと思う。母としての感情が形成されきっていないまま子育てをしなければならなくなったらどうなるだろう。子どもの成長を楽しみながら、時には叱り励ましてやることができるだろうか。

　この頃本や雑誌に書かれている結婚論では、立派な恋愛を生涯の結婚生活のなかで育んでいく(注4)というような希望には全く触れられていない。

(注1) 明言する：はっきり言うこと
(注2) 口調：ものの言い方
(注3) 思い描く：ものの姿や形などを、心の中で想像してみる
(注4) 育む：養い育てること

[1] ①当時とあるが、それはいつのことか。
1 去年
2 結婚するとき
3 大学のとき
4 若いとき

[2] ②その人とあるが、誰を指しているか。
1 大学を出て職を持っている若い女性
2 子どもを産むために結婚したがっている女性
3 講演会で結婚が何か分からないと言った若い女性
4 婦人雑誌の女性編集者

[3] 教授が考える③結婚の真の意味とは何か。
1 自分だけの特別な場所を作ること
2 深い理解心を養うこと
3 人同士のつながりを求めること
4 子孫を残すこと

[4] 筆者の考えと合っているものはどれか。

1 結婚が何か分からないと言っている若い人のことが全く理解できない。
2 親が選んだ相手と結婚することが幸せなことではないと全く思わない。
3 昔に比べて若い女性の結婚に対する考え方が変わってきた。
4 本や雑誌にかかれている結婚論は立派な恋愛の仕方しかのっていないのでおもしろくない。

문제 유형 11

합계 600자 정도의 복수의 지문을 비교·통합하면서 읽고, 내용을 바르게 이해하는가를 묻는 문제로, 복수의 지문에 3문제 출제된다. 두 문장의 중심문이 어디인지를 파악해야 하고, 서로 주장하는 공통점과 다른 점은 어느 부분인지를 빨리 파악하는 것이 중요하다. 이 유형 역시 문제를 먼저 읽고 지문을 읽는 것이 문제를 해결하는 시간을 절약할 수 있다.

問題11 次のAとBはそれぞれ別の文章である。AとBの両方を読んで、後の問いに対する答えとして、最もよいものを1・2・3・4から一つ選びなさい。

（1）

[A]

　湿度は家にとって、とても重要な役割をしめています。湿度の度合い(注1)は家の快適さや、性能、質、寿命までも影響してくるといってもいいほどです。家にとって湿度が高すぎることは大変よくありません。湿度が高いということは湿気が多い状態でありますから、まず、住んでいて不快(注2)に感じることはもちろん、それ以外にもカビやダニなどの害虫(注3)、結露(注4)を発生させる原因となります。結露は家を傷つけてしまうことになるかもしれませんし、カビの発生にも繋がります。そしてカビやダニからアレルギー症状が引き出される可能性があります。

　では湿度が低い方が家にとって良いのではないか、そう考えられるかも知れません。しかし、残念ながらそれも違います。家にとっては湿度が低いことも良いことではないのです。冬になると暖房をつけます。そうするとその部屋の中の湿度は低くなりますが、他の寒い部屋や窓に湿気が流れて湿度が高い時と同様に結露が発生します。それはまたカビの原因となります。

　そしてウイルスは湿度が低い場所を好むため、活動が活発になりその結果、喉を痛め風邪を引きやすくなってしまいます。

[B]

　最近暖房や冷房による部屋の乾燥対策として加湿器(注5)を設置するオフィスや家が増えてきています。加湿器は冬などの乾燥した季節に流行するインフルエンザや風邪、さらには乾燥性の皮膚炎などの予防に効果的です。加湿器はここ数年で急速に普及した器械といえ、形や様式も短い期間で多種多様(注6)になりました。最初の加湿器の加湿方法は水を加熱して蒸気をだす蒸気式でしたが、加熱することにより蒸気は大変熱くなり、乳幼児(注7)がやけどをするなどの事故が起こりました。この加湿方法は乳幼児に対して危険であると判断され、そこで、新たに超音波(注8)式の加湿器が開発されました。

　この方式は蒸気を出すために加熱しないため、やけどなどの事故が起こる心配はありません。そして製造方法も簡単なので安い値段で販売が可能でした。現在急速に加湿器が一般に普及されたのもこのためでしょう。運転中も極めて静かで水を足すのも簡単です。このように、超音波式は以前の加熱方式の欠点をおぎなったばかりではなく更なる利点も備えていました。しかし、このように一見良いことだらけかと思われた超音波式の加湿器ですが、予期しない欠点があることが最近分かりました。

　その欠点とは水が汚染されやすいということです。これが引き起こされる要因としては、まず構造上の問題があります。超音波による細かな振動は殺菌成分のある塩素を早く空気中に飛ばしてしまい、水を細菌(注9)が繁殖しやすい状態にしてしまいます。そしてもう一つの理由として、取り扱いの問題があります。仕様書(注)には定期的な清掃を行なうよう書いてありますが、電源を入れたままで簡単に水を足すことができるため、つい清掃を怠ってしまうのが現状です。これらのことから、タンクの中や本体の水に細菌やカビなどが繁殖しやすくなり、さらにはそれを蒸気として部屋中に放出するということに繋がってしまうのです。

(注1) 度合い：物事の程度
(注2) 不快：嫌な気持ちになること．
(注3) 害虫：人間の生活に害を与える虫
(注4) 結露：窓や壁などに空気中の水蒸気が溜まること

（注5）加湿器：部屋の乾燥を防ぐために、水を水蒸気にして噴出す器械
（注6）多種多様：種類が多く、さまざまであること
（注7）乳幼児：小学校入学前の子ども
（注8）超音波：人間の耳には音として感じられない音の波、または振動
（注9）細菌：単細胞の生物、病気の要因となるものも多い

1　Aにのみ触れられている内容はどれか。

1　湿度が高い方がインフルエンザにかかりにくい。
2　害虫などによりアレルギー症状が引き出される。
3　蒸気が熱くなるため、乳幼児がやけどをする事故が起こった。
4　水が汚染されやすいという欠点がある。

2　部屋の湿度が低い状態にあるとどのようなことが起こるか

1　カビや害虫が発生しやすくなる。
2　風邪を引きやすくなる。
3　結露が発生しやすくなる。
4　水が汚染されやすくなる。

3　湿度についてAの筆者とBの筆者はどのように書いているか。

1　AもBも暖房をつけると部屋が乾燥すると書いている。
2　AもBも加湿器の重要性を書いている。
3　Bは湿度と家の関係を書いており、Aは加湿器の仕組みを書いている。
4　Aは湿度の下げ方を書いていて、Bは湿度の上げ方を書いている。

(2)

[A]

　食中毒とは毒がある菌が付いた食品を食べることによって起こる中毒のことです。主な症状としては腹痛(注1)、発熱(注2)、下痢などがあります。この菌は夏の時期のみに集中して増えます。そこで、今日は食中毒を防ぐ方法を紹介したいと思います。

　まず一つ目は、手を清潔にするように心がけることです。帰宅後、トイレの後、食事の前など手洗いを忘れずに行いましょう。手洗いのポイントとしては、指輪や時計などは外して洗うこと、洗い終わった後は乾いたタオルで拭くことなどがあります。

　二つ目は温度管理を徹底させることです。魚や肉などの生ものは中心まで火が通るように十分加熱しましょう。また、冷蔵庫に食品を保管する時にも、温度を一定に保つためにたくさん入れないようにすること、食品は清潔な容器に入れて保存することなどを心がけるようにしてください。このように小さな努力が食中毒の予防に大きく貢献していきます。

[B]

　夏に多く発生すると言われる食中毒。5～6年前の月別食中毒発生状況の統計からも5月から10月にかけて起こるケースが全体の60パーセントだということがわかりました。しかし、最近は暖房の普及や熱帯地方からの輸入食品の増加で季節に問わず食中毒が発生するようになりました。そのため、今では一年中食中毒に気をつけなければなりません。しかし、いくら気をつけても食中毒になってしまう可能性があります。その場合はどうしたらいいでしょうか。

　直ちに病院に行って処置することが一番望ましいですが、家で応急処置するときには水分をとるようにしましょう。なぜなら、下痢や発熱が続くと脱水症状(注3)になりやすく体内の水分が不足してしまうからです。

(注1) 腹痛（ふくつう）：腹が痛くなること
(注2) 発熱（はつねつ）：高い熱が出ること
(注3) 脱水症状（だっすいしょうじょう）：体の中の水分がなくなった状態

1 Aの記事に書かれている主な内容はどれか。
 1 食中毒にかからないほどの体力を養う方法
 2 食中毒になったときの処置法
 3 食中毒の予防法
 4 食中毒にかかった時の症状

2 食中毒が発生する時期について、Aの筆者とBの筆者はどう言っているか。
 1 Aの筆者もBの筆者も、夏だけ発生すると言っている。
 2 Aの筆者もBの筆者も、季節に関係なく発生すると言っている。
 3 Aの筆者は夏だけ発生すると言っており、Bの筆者は季節に関係なく発生すると言っている。
 4 Aの筆者は季節に関係なく発生すると言っており、Bの筆者は夏だけ発生すると言っている。

3 Bの記事の内容と合っているものはどれか。
 1 暖房の中に食中毒を引き起こす菌がいるため、暖房を使う時期にも食中毒にかかる人が増えた。
 2 食中毒にかかる前に病院で検査を受けることが大切だ。
 3 脱水症状になった時はなるべく水分をとらない方がいい。
 4 食中毒にかかってしまった時、速やかに病院に行って医者に診てもらうのが一番の解決策だ。

(3)

[A]

　良い対人関係を築くことは学校でも社会においても重要なことだ。そのことを映し出す(注1)かのように最近、心理学を授業に取り入れる高校が増えてきた。生徒に対人関係がどれほど大切かということと、スムーズ(注2)に対人関係を作る方法を教えることが狙いのようだ。心理学で使われている教科書は「問題の出来事」、「そのときの心のつぶやき」、「感情」などを順番に記入できるようになっている。この授業を通して一から順を追って感情を整理することで、自分の言いたい事を相手に明確に伝えることができ、相手も理解しやすく円滑なコミュニケーションを行う方法を身につけることができれば、人と関わることも楽しくなっていくだろう。

[B]

　対人関係とは自分以外の人との関係のことを言う。良い対人関係を築くことは今の社会にとても大切なことだが、そうできている人は多くないだろう。それどころか対人関係のせいでストレスをためている人も多いだろう。ところでなぜ対人関係においてストレスをためてしまう人が出てくるのか。それは自分と考え方や価値観が違いすぎて合わないと思っている人と関わらなければならないからではないか。そういう人に私は人と人とのコミュニケーションを客観的に見てほしいと言いたい。客観的に見ることができると、自分の考えが、たくさんある意見のうちの一つなのだということが分かる。なぜなら、人間育ってきた環境や教育方針がそれぞれ違うため、違う考え方をする人がいて当たり前だからだ。
　「この人、考え方が違うから話したくないな」と思わずにその人の意見を聞き、自分の考えが必ずしも正しいとは限らないのではないかと考えてみよう。何が正しいかなどを気にせずに、自分の思うことを相手に伝えることはすごく大事だ。そう自分が変わっていくことで少しでもストレスを減らすことができると思う。

（注1）映し出す：調べたり考えたりしたことを絵や文章に書き表す
（注2）スムーズ：円滑

1 AとBの記事の両方に書かれている筆者の考えはどれか。

1 ストレスをためることは対人関係にいい影響を与えない。
2 対人関係をよく行うことは人間社会において重要なことだ。
3 積極的に人と関わることでいい対人関係が作られる。
4 良い対人関係を作ることができている人は人の話をよく聞く人だ。

2 対人関係を築く際に自分の意見を相手に伝えることについて、Aの筆者とBの筆者はどのような立場をとっているか。

1 AもBも肯定的だ。
2 AもBも批判的だ。
3 Aは肯定的であるが、Bは批判的だ。
4 Aは批判的であるが、Bは肯定的だ。

3 対人関係においてストレスをためてしまう原因は何か。

1 育ってきた環境がみんなと同じがいいのにそれぞれ違うから
2 自分の考えがたくさんある考えの一つと思いたくないのに思えてしまうから
3 人と人のコミュニケーションを客観的に見たくなくても見えてしまうから
4 考え方や価値観の違った人と話したくなくても話さなければならないから

문제 유형 12

　1000자 정도의 사설, 논평 등의 추상성·논리성이 있는 지문을 읽고 전체적으로 전하고자 하는 주장이나 의견을 파악할 수 있는지를 묻는 문제로, 1개의 지문에 4문제 출제된다. 이 유형은 먼저 문제를 읽고 문제의 요점을 간단하게 체크한 후, 지문 전체를 가능한 집중해서 읽도록 하자. 출제되는 문제가 전체적으로 주장하는 내용이나 필자의 의견, 또는 지문과 내용이 맞는 문장을 찾아야 하는 문제이기 때문에 지문을 확실하게 이해하는 것이 중요하다.

問題12　次の文章を読んで、後の問に対する答えとして、最もよいものを１・２・３・４から一つ選びなさい。

（１）

　①吾輩(注1)は再びおさんの隙を見て台所へ這い上がった。すると間もなく再び投げ出された。吾輩は投げ出されては這い上がり、這い上がっては投げ出され同じ事を四、五回繰り返したのを覚えている。その時おさんという者が②つくづく嫌になった。この前おさんにいたずらしてやってやっと怒りが収まった。吾輩が最後につまみ(注2)出されようとした時に、この家の主人が、騒がしいな何事(注3)だと言いながら出てきた。おさんは吾輩をぶら下げたまま主人の方へ向けてこの宿なしの子猫がいくら出しても出してもお台所に入ってきて困りますと言った。主人は鼻の下の黒い毛を触りながら吾輩の顔をしばらく眺めていたが、やがてそれなら家に置いてやれと言い再び奥へ戻って行った。主人は余り口を聞かない人と見えた。おさんは嫌そうに吾輩を台所へ乱暴に置いた。こうして吾輩は遂にこの家を自分の住家と決めることにしたのである。吾輩の主人は滅多に吾輩と顔を合わせることがない。職業は教師だそうだ。学校から帰ると終日、書斎に入ったっきりほとんど出て来ることがない。家の者は大層な勉強家だと思っている。本人も勉強家であるかのように見せている。③だが実際は家の者が言うような勉強家ではない。吾輩は時々静かに彼の書斎を覗いているが、彼はよく中で寝ていることがある。時々読みかけている本の上によだれを垂らしている。彼は胃が弱く皮膚の色が黄色で弾力のない不活発な声をしている。ただし、非常に飯を沢山食う。飯を沢山食った後で胃薬を飲む。飲んだ後で書物を広げる。二三ページ読むと眠

くなる。よだれを本の上に垂らす。これが毎夜繰り返される日課である。吾輩は猫だが、時々考えることがある。教師というものはとても楽なものだ。人間に生まれたら教師になるにかぎる。こんなに寝ていて勤まるものなら猫にでもできないことはないかと。しかし、主人に言わせると教師程辛いものはないそうで、彼は友達が来るたびになんとかかんとか不平を言っている。

　吾輩がこの家へ住み込んだ当時は、主人以外の物には甚だ人望が無かった。どこへ行っても跳ね付けられて相手にしてくれる人がいなかった。どれだけ大切にされていなかったかは、今日に至るまで名前さえ付けてもらっていないことで分かる。吾輩は仕方がないのでできる限り吾輩を置いてくれた主人の側に居ることに勤めた。朝主人が新聞を読むときは必ず彼の膝に乗る。彼が昼寝をする時は必ずその背中に乗る。これは別に主人が好きという訳ではなく他にかまってくれる人が居ない自分を思ってのことである。

（注１）吾輩（わがはい）：私と同じ意味
（注２）つまみ：(つまむ) 指先や箸の先ではさむこと
（注３）何事（なにごと）：どうしたこと、何ということ

[1] ①吾輩とあるが、吾輩とは何か。

1　おさん
2　主人
3　猫
4　教師

[2] ②つくづくとあるが、つくづくの正しい使い方はどれか。

1　自分が親になってみて、親の大変さをつくづく感じる。
2　昨日から頭痛がつくづくしている。
3　今頃になって怒りがつくづくと湧いてきた。
4　毎朝母は忘れ物はないかとつくづく言ってくる。

3 ②だが実際は家の者が言うような勉強家ではないとあるが、それはなぜか。

1 自分と顔を合わせることがないから
2 読みかけている本が沢山あるから
3 教師という職業についているから
4 書斎で寝ているところをよく見るから

4 吾輩の意見と合っているものはどれか。

1 この家で一番偉いのは吾輩であることをこの家の人間は分かっていない。
2 この家の人間は主人の本当の姿を知らない、知っているのは吾輩だけだ。
3 吾輩は何とも思っていないが、主人は吾輩のことを相手にしたがっている。
4 次は必ず人間に生まれて教師というものになりたい。

（2）

　私は雪が大好きで、雪が降ってくると表に飛び出し、頭から雪をかぶるのがおもしろくてたまらない。

　私は日本の北の方に位置する岩手県の山の中に住んでいるので、十一月頃から雪が降り始め、十二月末になると一面真っ白になった景色を堪能(注1)することができる。この辺は平均一メートルくらいしか積もらないのだが、小屋の北側では雪が屋根まで届き、地面から測ると人間の胸くらいまで積もったりもする。

　私の小屋は村の人たちの住んでいるところから四百メートルほど山のほうにあって、周りに一軒も家がなく林や小さな畑などがあるだけで、雪が積もるとどこを見ても真っ白な雪ばかりになり、人ひとり見えない。もちろん、人の声も聞こえず、歩く音も聞こえない。小屋の中に座っていると、雪は雨のように音を立てないので世界中が静かにしんとしてしまったかのように感じる。しかし暖炉(注2)で燃えている薪(注3)が時々ぱちぱちいったり、やかんの湯の沸く音がかすかに聞こえてくる。①そういう日が三ヶ月も続く。

　一メートルくらい積もった雪は歩きにくいので人も小屋に訪ねてこない。一日中ひとりで暖炉の前で食事をしたり、本を読んだり、仕事をしたりしているが、そんなに長く一人でいると何だか人に会いたくなる。人でなくてもいいから何か②生きているものに会いたくなる。動物でもいいから来ればいいのにと思う。

　そういう時に私を喜ばせてくれるのが山のキツツキ(注4)だ。③キツツキは夏は来ないが、秋の頃から冬にかけてこの辺に住んでいて時々小屋をつつきに来る。小屋の外の柱や、積んである薪などをつついて中にいる虫を食べるらしい。その音がなかなか大きく、こつこつとせっかち(注5)に聞こえる。まるでお客がノックするような感じで、おもわず返事がしたくなる。つつく場所によってとんとんとも聞こえしばらくすると大きな音をさせて別の柱に行く。虫がいましたかと聞いてみようとしているうちに、小さな鳴き声を出して飛んでいってしまう。キツツキのほかにも別の鳥が、朝早く、また夜遅くに軒下(注6)につるしてあるいろいろな実や草の実を食べに来る。朝まだ寝ている時、障子の外で飛び回るその羽の音が、まるで枕元(注7)に飛んでいるように近く聞こえる。その音で目が覚めた時は何だか気分がいい。今日も一日頑張ろうという気分にさせてくれるのである。

（注1）堪能：十分に満足すること
（注2）暖炉：火をたいて部屋を暖めるもの
（注3）薪：燃料にする細い枝や木
（注4）キツツキ：鳥の一種
（注5）せっかち：気が短い
（注6）軒下：屋根の下
（注7）枕元：寝ている人の枕のあたり

1 ①そういう日とあるが、これに当てはまらないものはどれか。

1　小屋の外から何も聞こえない日

2　人が訪ねてこない日

3　人の声や歩く音が聞こえない日

4　雪の音だけがうるさい日

2 ②生きているものとあるが、生きているものの例として正しいものはどれか。

1　人形

2　死体

3　幽霊

4　植物

3 ③キツツキについて正しく書かれているものはどれか。

1　木の中にいる虫などを餌としている。

2　一年中小屋の近くで暮らしている。

3　一つのところからなかなか移動しようとしない。

4　他の鳥と違い人間と会話ができる。

4 本文の内容と合っているものはどれか。

1 岩手県は十二月から雪が降りだす。
2 筆者がいる小屋は村の中心にある。
3 鳥の羽の音が目覚ましになったときは気分がいい。
4 一日中小屋の中にいる事は筆者にとって一週間でも耐えられない。

（3）

　ある男が、次のようなことを私に打ち明けた。

　手紙が嫌いというわけではないのだが、ただ一つ困ることがある。それは「ちょっとお宅に伺いたいのですが、ご都合のよい日時を知らせて下さいませんか」、などといったような手紙だ。特に、返信(注1)用の葉書が同封されていると余計まいる。

　手紙を送った相手としては、忙しい時に訪問しては失礼だし、仕事中など邪魔してはいけないという、丁重(注2)な意向なのであろう。しかし僕にしてみれば、どんなに忙しい時でも、いきなり来てもらった方がいい。日時を指定するとなると、手紙では少なくとも一日ほどの余裕をあけておかなくてはならない。そしてその日には、必ず待っていなければならない。①そういう義務感のようなものに縛られることが、僕は苦痛に感じてしまうだろう。それに大抵、そうした時に限って、仕事の予定が狂って、最後のぎりぎりの忙しい場合になっていたり、急に他の用事が出来たり、また、何かしら外出したくなったりするものだ。そんな私でも偶に何日の何時頃会いましょうと、きちんと予定を立てることで先方にも無駄足(注3)を踏ませずに済み、こちらも仕事の邪魔をされずに済むようにうまくやっていける人が羨ましく感じるときもある。

　僕はその日一日の予定なら問題なく立てられる。朝のうちに電話ででも打ち合わせておけば、その日中のことなら、立派に約束を守られる。けれども、次の日のことになると、一気に何も考えられなくなる。明日の負担を負わせられることは、今日の僕にとっては堪え難い(注4)ことになる。「明日」というものは、現実的に存在するが、僕の中には存在しない。それはただ架空のものだ。その架空の中に置かれた現実的な義務が、僕には苦痛の種となる……と。

　彼は話をしている最中、少し怒っているようだった。その様子を見ながら私は、彼にとって、「明日」が存在しないというのは、はなはだしく不安定なものなのだと感じた。②健康の問題か、恋愛の問題か、金銭の問題かは分からないが、それらがいつ彼の全生活を脅かすか分からないようなものなのである。

　実際、彼は危険な状態に陥って(注5)いたことが、後で分かった。

　ところで、そうした危険な場合、大抵は、③直接言わず間接的な表現を取る。それはなぜだろう。世間体(注6)を気にするが故のことなのか。体面(注7)を保とうとする気持ちからか。あるいは、直接表現できないような内容が含まれているからか。後になってそのことを彼に話すと、彼は異様(注8)な笑みを浮かべて答えた、実

際の生活は文学とは異なると。

（注1）返信（へんしん）：返事の手紙
（注2）丁重（ていちょう）：礼儀正しいこと
（注3）無駄足（むだあし）：わざわざ行ってもなんの役にも立たないこと
（注4）堪え難い（たえがたい）：我慢することができない
（注5）陥る（おちいる）：望ましくない状態になる
（注6）世間体（せけんてい）：世間に対する体裁
（注7）体面（たいめん）：世間体と同じ意味
（注8）異様（いよう）：様子が普通でないこと

1 ①そういう義務感のようなものとあるが、どういう時に義務感を感じると言っているか。

1 手紙で会おうと決めた日に予定をあけておかなければいけないとき
2 手紙を送った相手が暇な日を調べなければいけないとき
3 忙しい時に人に来られて相手しなければいけなくなったとき
4 暇な日を教えてほしいと手紙を書かなくてはいけなくなったとき

2 ②健康の問題か、恋愛の問題か、金銭の問題とあるが、これに含まれないものはどれか。

1 友達から多額の借金をしてしまった。
2 付き合っていた人が実は結婚している人だった。
3 出張の前の日に倒れて手術をしなければならないと医者に言われた。
4 両親が離婚することになりどちらについて行けばいいのか悩んでいる。

3 ③直接言わず間接的な表現を取るとあるが、この例として正しいものはどれか。

1 彼女に「僕と結婚してください」と言ってプロポーズをした。
2 感謝の気持ちをこめて妻に「いつもありがとう」と書いたカードを入れた花をプレゼントした。
3 冗談を言いすぎて泣かせてしまった友達に、別の友達についてきてもらって「ごめんね」と謝った。
4 大学に合格した友達に電話で「おめでとう」とお祝いの言葉を伝えた。

4 文章の内容と合っているものはどれか。

1 男性は筆者に一週間の予定なら簡単に立てられると話した。
2 男性は実際の生活と文学は似ていると感じている。
3 筆者は男性が危険な状況に陥っている時はその事実を知らなかった。
4 男性にとって「明日」とはそんなに怖いものではない。

문제 유형 13

700자 정도의 광고, 팸플릿, 정보지, 비즈니스 문서 등의 정보 소재 중에서 필요한 정보를 찾아낼 수 있는 능력이 있는지를 묻는 문제로, 1개의 정보에 2문제 출제된다. 주어진 문제를 먼저 읽고 선택지의 내용만을 도표 등에서 찾아내는 방법을 사용하는 것이 좋다. 전체의 내용을 이해하고 정답을 찾는 것도 좋지만, 시험에서는 정답을 얼마나 빨리 찾을 수 있는지가 관건이기 때문에 선택지를 먼저 읽고, 선택지에 관련된 정보만을 파악해서, 정답인지 아닌지를 판단하면 된다.

問題13 次のグラフや図を見て、下の問いに対する答えとして、最もよいものを1・2・3・4から一つ選びなさい。

(1)

1 カン・ハナさんはこの大学の1年生である。ハナさんは次の履修申請書に記入した講義の他に必須講義のスポーツを履修しようと考えている。ハナさんがテニスをやりたいと考えた時、受講できるスポーツの講義は何曜日の何限目か。

1　月曜日の1限目
2　土曜日の4限目
3　火曜日の1限目
4　土曜日の1限目

2 ハナさんが月曜日に受講する講義と木曜日に受講する講義の単位を合わせると全部で何単位あるか。

1　28単位
2　22単位
3　24単位
4　26単位

図1

	月	火	水	木	金	土
	講義時間割表（映像学科1・2学年）					
1	※スポーツⅠ（バスケットボール） △東洋美術史	●倫理（佐藤教授） ●スポーツⅡ（バスケットボール） ○技術Ⅰ（撮影）	●経済学 ○日本の映画の歴史 △音楽論	●哲学 ○技術Ⅰ（音響） △技術Ⅰ（作曲）	●芸術教育論 △キャラクターの歴史論 △技術Ⅰ（ホームページ）	※スポーツⅠ（テニス） ※英語Ⅰ（2年生のみ履修可能）
2	※英語Ⅰ(B) △彫刻論	△技術Ⅰ（デッサン） ○技術Ⅰ（編集） ●倫理（佐藤教授）	●日本語 △建築の歴史 ○技術Ⅰ（美術）	※英語Ⅰ(A) △技術Ⅱ（作曲） ○技術Ⅰ（シナリオ）	●韓国語 △コンピューターデザイン論	※英語Ⅱ ○映像分析学論
3	●哲学 ○技術Ⅰ（撮影） ※自主制作Ⅰ(B)	○技術Ⅰ（電子映像） ※基礎演習A	●倫理 ○シナリオ論 ※自主制作Ⅰ(A)	●倫理（山下教授） ※基礎演習B ○技術Ⅱ（美術）	●物理 ○映画美術の歴史論	●フランス語 △放送の歴史
4	△技術Ⅰ（ホームページ）	●フランス語 ○技術（音響） ○技術Ⅱ（シナリオ）	○技術Ⅱ（美術）	●経済学 ○技術Ⅱ（音響）	●倫理（山下教授） ○電子映像論	※スポーツⅡ（テニス） △絵画論
5	●心理学（多田教授） ○色彩論	●ドイツ語	●心理学（田川教授） △古代美術論	※英語Ⅱ ○技術Ⅰ（美術）	●中国語 ○技術Ⅱ（電子映像）	●芸術科学論 ○映画音楽論

記号　※：必須講義　●：一般教養　○：学科講義　△：学科外講義

単位数　技術講義：(2)　基礎演習・自主制作：(6)　その他：(4)

注意　Ⅱの講義はⅠの履修が終了してからでないと受講が出来ません。

図2

履修申請書					
	1限目	2限目	3限目	4限目	5限目
月		※英語Ⅰ(B)	○技術Ⅰ(撮影)	△技術Ⅰ（ホームページ）	●心理学（多田教授）
火	○技術Ⅰ(撮影)	○技術Ⅰ(編集)	○技術Ⅰ（電子映像）	○技術(音響)	
水	○日本の映画の歴史	●日本語	○シナリオ論		●心理学
木	●哲学	○技術Ⅰ（シナリオ）	※基礎演習B ──────────→		
金	△技術Ⅰ（ホームページ）	△コンピューターデザイン論	●物理	●倫理（山下教授）	
土	※スポーツⅠ（テニス）	○映像分析学論	●フランス語		
学年：1学生　　学科：映像学科　　学籍番号：M10-12　　氏名：カン・ハナ					

（2）

[1] 大学生のまさしさんは野原花火大会に行く予定だったのだが、その日雨が降ってしまった。この花火大会の変更日と同じ日に行われる花火大会はどれか。

1 青島ビーチ花火大会
2 松島花火大会
3 大村花火祭り
4 東通り花火大会

[2] 留学生のハナさんは上がる花火の数が一番多い花火大会に行こうとしているが、毎週日曜日の夜7時から8時まではアルバイトが入っていて休めない。ハナさんはどの花火大会に行けばいいか。

1 宮崎祭り花火大会
2 虹川花火大会
3 広陵花火大会
4 大野ふるさと花火大会

2010年 8月 花火大会カレンダー（東京）

日	月	火	水	木	金	土
1 *板森 　花火大会 *とがみ湖 　花火大会	2	3	4 *虹川 　花火大会	5	6	7
8 *野原 　花火大会 *東通り 　花火大会	9	10	11	12	13	14 *日海 　花火大会
15 *青島ビーチ 　花火大会	16	17	18	19	20 *広陵 　花火大会	21 *大野ふるさ 　と花火大会 *松島 　花火大会
22 *宮崎祭り 　花火大会	23 *大村 　花火祭り	24	25	26	27	28 *豊一市 　花火大会
29	30	31 *野海大 　花火大会				

名前	時間	上がる花火の数	雨が降ったときの変更日
板森花火大会	19：30～20：40	15000発	8月8日
とがみ湖花火大会	18：30～19：20	8000発	8月12日
虹川花火大会	20：30～22：00	25000発	8月7日
野原花火大会	19：00～20：00	12000発	8月15日
東通り花火大会	20：00～21：10	14500発	8月15日
日海花火大会	19：00～20：30	20000発	8月15日
青島ビーチ花火大会	18：00～19：30	19500発	8月29日
広陵花火大会	21：00～22：00	25500発	8月27日
大野ふるさと花火大会	19：30～20：50	22000発	8月28日
松島花火大会	20：30～21：40	18000発	8月29日
宮崎祭り花火大会	18：40～20：00	26500発	8月30日
大村花火祭り	20：50～22：00	20000発	9月4日
豊一市花火大会	19：20～20：10	21000発	9月5日
野海大花火大会	21：00～22：00	17000発	9月5日

(3)

|1| 次の日の中で、まきこさんの出費が多かった日はいつか。

1　5月1日

2　5月6日

3　5月12日

4　5月14日

|2| まきこさんの5／1〜5／15の間、出費の合計が二番目に少ないのはどの項目か。

1　衣服

2　生活用品

3　医療

4　交通

5/1～5/15の収入と支出の表（単位：円）

項目 日にち	食事代	衣服	水道・電気	生活用品	医療	交通	交際	給料	残金
5/1（土）	−2500			−1500			−1500		65,000
5/2（日）	−800	−18000				−600			61,800
5/3（月）	−500					−350			60,950
5/4（火）	−650			−800		−350	−1000		59,050
5/5（水）	−300				−1200	−500			58,130
5/6（木）	−450	−2500	−8000			−350			49,080
5/7（金）	−500					−350			48,230
5/8（土）						−1200	−2500		44,530
5/9（日）	−600								43,930
5/10（月）	−400					−350		＋85000	128,180
5/11（火）	−750					−500	−3000		123,930
5/12（水）	−400			−4600		−350			118,580
5/13（木）	−350				−500	−450			117,280
5/14（金）	−500	−2900				−500	−1600		111,780
5/15（土）	−400		−2500						108,880

실전 대비 모의고사

모의고사

제 1 회

1교시
모의고사

読解

問題8 次の文章を読んで、後の問いに対する答えとして、最もよいものを1・2・3・4から一つ選びなさい。

(1)
　漫画とアニメ(注1)の違いを述べようと思うが、一言では表現できないのが実際のところである。どうしてかというと、多くの場合その違いは元になった漫画をアニメ化(注2)した時に生じる違いが大きく左右しているからである。
　先に述べた理由を取って考えた時、見えてくるのは漫画は止まった絵であり、アニメは動く絵であるという①客観的事実だ。これは全く当たり前の事である。しかし、私はここにこそ二つの違いを表す重要点があると思うのである。

(注1) アニメ：アニメーション
(注2) アニメ化：アニメーションにした時

46　①客観的事実とあるが、この場合の「客観的」とはどのような意味なのか。
　1　自分ひとりのものの見方から判断すること
　2　特定の立場からではなく、物事を見たり考えたりすること
　3　物事がうまくいくと考えて心配をしないこと
　4　何をやっても行く先に望みはないと考えること

（2）

　日本に「死なないクラゲ(注1)」について長年に渡り研究している大学がある。その死なないクラゲは「ベニクラゲ」といい、体はわずか1mmほどで他のクラゲと同様に雄と雌がいて体外受精(注2)で子どもを作る。子どもは成長するとポリプと呼ばれる植物のような姿になり、実のようなものが出来る。これが大人のクラゲとなる。ベニクラゲは子どもを産むと若返り(注3)、子どもの成長と同様にポリプへと姿を変える。そして同じ遺伝子(注4)を持ったクラゲとして新しい一生を始めるのだ。詳しい事はまだ分かっていないが、研究室の大学教授は「この研究を再生医療に結びつけられれば、アンチエイジング(注5)の薬が出来るかもしれない。」と①ベニクラゲの研究に期待をよせている。

(注1) クラゲ：海の中に生きる骨のない透明の生物
(注2) 体外受精：体の外で卵と種となるものが合体すること
(注3) 若返り：若い姿に戻ること
(注4) 遺伝子：DNA
(注5) アンチエイジング：年齢を重ねたことに伴う症状の予防と治療、老化防止

47 ①ベニクラゲの研究に期待をよせているとあるが、大学教授はベニクラゲの何に期待をしているのか。

1 体外受精を成功させること
2 子どもが成長すると植物のようになること
3 若い状態に戻る仕組み
4 薬になる栄養が入っているところ

（3）

　①旅行は一人で行くよりも、気の合った友達と行く方が好きです。色々変わっていく道中(注1)の景色を楽しみながら語り合う(注2)こともできますし、それに一人旅のような無意味な緊張感なく楽に旅ができるし、楽しさも倍になると思うからです。煩わしい都会から離れて静かなところに旅行してゆっくり羽を伸ばしたい、誰も知らないところでゆっくりくつろぎたい(注3)と、こんな欲望を持っていますが、仕事や家庭をもっている私にはなかなか簡単に実行できるものではありません。

(注1) 道中：旅行の途中
(注2) 語り合う：互いに話をする
(注3) くつろぐ：仕事や心配ごとなどを忘れて、ゆっくりと心と体を休める

48 ①旅行は一人で行くよりも、気の合った友達と行く方が好きですとあるが、その理由として当てはまらないものはどれか。

1　緊張せずに旅することができるから
2　色々なことを話すことができるから
3　色々な景色を楽しむことができるから
4　旅行の楽しさが倍になるから

（4）

　コラーゲンと聞くと肌によい成分と考える人が多い。確かにコラーゲンはタンパク質の一種で肌の70％はこの成分で構成されている。しかし、コラーゲンは骨、歯など他の部分にも多く存在している。コラーゲンの効果として、肌の老化(注1)防止、関節痛(注2)予防などがある。コラーゲンは元々自分達の体内で作ることができるが、生産能力は年齢とともに減少していく。そこで「飲むコラーゲン」や「食べるコラーゲン」があちこちで販売されるようになった。

（注1）老化：年をとるにつれて、肉体的、精神的機能が衰えること
（注2）関節痛：骨と骨を繋ぐ部分が痛くなること

49　コラーゲンについて本文の内容と合っているものはどれか。
　1　肌の成分の半分以上がコラーゲンだ。
　2　コラーゲンの効果は肌の老化防止と関節痛の予防の2つだ。
　3　コラーゲンは年齢が上がるにつれてたくさん作られるようになる。
　4　飲むコラーゲンや食べるコラーゲンは最近販売中止になった。

問題9 次の文章を読んで、後の問いに対する答えとして、最もよいものを1・2・3・4から一つ選びなさい。

（1）
　本郷座の舞台の夜の部を見て、何か言えという注文を頂いたのですが、私はまだ正確な意味で、他人の作品を評価できる自信がありません。
　言うまでもなく、新しい本郷座の舞台で谷崎、菊池、①お二人の新しい舞台台本が、左団次一派の俳優によって演じられるという事実は、私が感心を持つのに充分でした。実は昨年の夏日本に帰ってきて以来、まだ一度も、芝居を見に行かなかったのです。パリで過ごした三年は、ほぼ毎日、役者の顔を見ていたのに、（　②　）、日本に帰って来て芝居を見に行かないかというと、旧劇(注1)はまだまだこれはと思えるものがないし、新派は初めから大嫌いですし、新劇(注2)はどれが良いのか分からないので行く気になれず、というわけです。
　新しい劇作家が、古い時代を題材にして、新しい言葉で、古い感情を、新しい形に作り、旧劇の役者を使って新劇流の演出をさせ、それで古い観客も新しい観客も、ひっくるめて(注3)関心させようとする③傾向が、現代日本の舞台演劇に、かなりの割合を占めているように思われたからです。
　谷崎とか菊池とかいう新時代の人気ある舞台作家が、どうしてもっと諦めのない作品を発表しないのでしょう。お二人の文学的才能を充分に認め、今までの作品に対して、大きな敬意を払っているのですが、今度のものは、どれも感心出来ないように思います。

（注1）旧劇：古い時代の演劇の形
（注2）新劇：新しい時代の演劇の形
（注3）ひっくるめて：（ひっくるめる）全部同じにする

50 ①お二人の新しい舞台台本とあるが、どのような台本だと筆者は言っているか。

1 旧劇の悪いところと新劇の良いところを上手に組み合わせた台本
2 新劇だけでは表現できないところを旧劇でおぎなった台本
3 観客に感心がいきすぎて諦めの多い感心の持てない台本
4 人気のある旧劇俳優に頼りきった諦めの多い台本

51 （ ② ）に入る適当な言葉は何か。

1 はて
2 また
3 なぜ
4 もし

52 ③傾向とあるが、筆者はどのような傾向があると言っているか。

1 古いものに新しいものを入れて昔からの観客の関心を無視する傾向
2 古いもの中心で、なかなか新しいものが受け入れられない傾向
3 新しいものと古いものを別のものとして作ろうとしない傾向
4 新時代の人気作家に文学的才能が充分に認められない傾向

（2）

　近頃の若い人たちは、もうこんな言葉は使わないかもしれないが、それでも、言葉そのものは、まだなくなってはいない。
　今「あの男はハイカラだ」と言えば、その男が①どういうような男であるかは、問題ではなく反対に、そういうことを言う人間が、どんな人間であるかを知りたいほどの時代になっているのかもしれない。一体この②「ハイカラ」という言葉は、誰がどういう機会に作ったのか、いつ頃世間で流行したのだろうか、私は記憶にないのだが、おそらくその当時、洋服に「高いカラア(注1)を付けている男」は、一般に「低いカラアを付けている男」（　③　）、「ハイカラ」であったに違いない。これは西洋でもそうなのだろうか。私が考えるところでは、必ずしもそうだとは思えないが、洋服を着ることだけでもまだ珍しかった時代の日本では、確かに「高いカラア」をつけることが、いわゆる「ハイカラ」であったに違いない。
　その「ハイカラ」は、「高いカラア」をつけることばかりを意味しない、好んで(注2)「高いカラア」をつけるような男は、好んで派手なネクタイを結び、このような男はまた、好んで英語を操り、好んで女性のご機嫌をとったに違いない。
　このように、「ハイカラ」という言葉は、単に服装だけではなく、その態度や趣味でも使われる言葉となったのであろう。

（注1）カラア：洋服の首周りの事、襟（えり）
（注2）好んで：好きで、積極的に

53 ①どういうような男であるかはとあるが、この意味に近いものは何か。

1 どのように男がしたのか
2 どういう男なのかは
3 どういう男がいたのか
4 どのような男になったのか

54 ②「ハイカラ」という言葉とあるが、作者が意味しているのと合わないものは何か。

1 会社の女の人に綺麗ですねと毎日話しかける。
2 周りの友達は派手だという帽子を気にせず被っている。
3 毎日のように高いカラアを付けている。
4 昔流行したネクタイを今も大切に付けている。

55 （ ③ ）に入る最も適当な言葉はどれか。

1 だから
2 さては
3 しかし
4 よりも

（3）

　漫才とは主に二人一組で面白い会話の様子を見せる日本の話芸(注1)である。この漫才を行う者を漫才師と呼び、日本では特に関西で発展したことから漫才師には関西地方出身者が多い。

　二人の役割は基本的にボケ役とツッコミ役に分けられる。①ボケ役は話の中で面白い事を言う役割であり、話の中に明らかな間違いや勘違いなどを入れて観客が笑うところを作ったり、冗談などを言う。

　その反対にツッコミ役はボケ役の間違いを誰よりも早く注意し、笑うところを観客に教える役割であり、その時、ボケ役の頭を手や軽い道具を使って叩いたり、胸の辺りを手の甲(注2)で叩いたりして注意することが多い、これをツッコミといい、これをすることを「ツッコミを入れる」または「つっこむ」と言う。

　このツッコミの文化は世界ではアジア特有のものと言える。これは先に述べたような具体的なことが理由ではなく、基本的な表現方法の違いといえよう。

　日本ではボケ役は「面白い状況を作りだし表現する者」であり、その話の内容は現実性が低く高い表現力が必要とされる。しかし、アメリカのボケ役は基本的には「面白い内容を作り出す者」であり、その話の内容は（　②　）、笑いがストレートである。だから、ボケ役が話した直後に観客は笑い、そこからのツッコミは必要無いとされている。彼らの笑いの感性(注3)は左右されにくいため、「間(注4)」が悪くても笑うが、内容がつまらなければどれだけ優れた表現をしても笑わない。反対に日本の笑いではその「間」が非常に重要とされている。

（注1）話芸：話すことで人を楽しませる芸
（注2）手の甲：手の裏の部分
（注3）感性：外からの刺激を取り入れる感覚的能力
（注4）間：話の中に適当にとる無言の時間（＊この本文での意味）

56　①ボケ役とあるが、その役割として正しくないものはどれか。
　1　本当には起こっていない話を起こったかのように話す。
　2　話が終わってすぐに客を笑わせる。
　3　ストレートな笑い話をする。
　4　誰よりも早く間違いに気付く。

57　（　②　）に入る最も適切なものは何か。
　1　実現性が高く
　2　現実性が高く
　3　実現性が低く
　4　現実性が低く

58　本文で作者が述べたいことは何か。
　1　日本のボケ役はアメリカでは理解されにくいので、アメリカには行かないほうがいい。
　2　表現の違いはあっても笑いの感性は日本人もアメリカ人も変らない。
　3　笑いの文化は世界中にあるが、それぞれにその国によって表現方法は異なる。
　4　アメリカではツッコミは必要とされていないが「間」は重要とされている。

問題10 次の文章を読んで、後の問いに対する答えとして、最もよいものを1・2・3・4から一つ選びなさい。

　ある日、村の集会の席で、村の頭(注1)が、他に何か言いたい者はいないか、と皆に聞いた時、びっくりすることに子どものキーシュが立ち上がりました。そして彼は、この間自分とお母さんのところへ分けてもらった肉は硬くて、古くて骨だらけだった。これからはもっとちゃんとした肉をもらいたいものだと、①恐れることなく文句をつけました。
　彼は自分の力で自分の権利を守ろうと決心したのです。しかし、皆は子どものくせにと思って、キーシュの生意気さにあきれました。そして、これからは大人の集会に出て生意気な事を言えば殴るぞと脅して(注2)彼を座らせようとしました。
　ところが彼は、皆が頼みに来るまでは、もう集会へ出てきてやるものか、と負けずにどなり返しました。その上、これから僕は僕だけで狩りをする、僕が殺してきた獣の肉は（　②　）に皆に分けてもらいたい、村の弱い人たちに、弱いからということで、酷い分け方をするようなことをしてもらいたくない、とはっきりと言いました。それから小さな胸を張ってその集会のある雪小屋から出ていきました。
　大人たちは彼を後ろから、からかったり、馬鹿にしたり、笑ったりしましたが、キーシュはかたく口を結んで、しっかりと前だけを向いて振り向きもしませんでした。
　次の日彼は、どこへゆくのか、氷と陸がつながり合う海の端を歩いていきました。彼に出会った人は、彼が弓と尖った骨をつけた沢山の矢を持ち、お父さんが狩りで使っていた大きな槍(注3)を小さな背中に背負っているのが見えました。皆はこの生意気な格好を見て笑いました。そして、会ってはキーシュの話ばかりしました。彼のような幼い年で狩りに出かけたものは一人もいません。まして一人で出ていくなんて思いもよらないことでした。中には心配そうにする者もいました。村の女たちが気の毒そうな目でキーシュの母親を見るので、彼女の顔は沈んで悲しそうでした。「まあ、じきに帰ってくるでしょうよ。」女たちは、キーシュの母親を安心させようとしましたが、「勝手に行かせるほうがいいんだ、それがあの子のためになるんだ。すぐ帰ってくるさ、そして③これからは大人しい口をきくようになるだろうよ。」男たちはそんなふうに言いました。

一日たち、二日たちました。そして三日目には激しい風が吹きました。しかし、キーシュは帰ってきません。お母さんは見るもいたたましい悲しみのようです。女たちは、皆がキーシュをいじめて、死にに出したんだと言って、ひどい言葉で男たちを責めました。男たちは今ではなんとも返事ができず、嵐がしずまったら死体を捜しに行こうかと、支度をはじめました。
　ところが、次の日早く④キーシュは悠々と村の中へ入って来ました。きまりの悪そうな顔などしていません。キーシュは殺した獣から切り取ったばかりの肉を背負っていました。

（注１）頭(かしら)：そこで一番えらい人物
（注２）脅(おど)す：相手を恐れさすことや怖がらせること
（注２）槍(やり)：武器

59 ①恐れることなく文句をつけましたとあるが、なぜキーシュには恐れがなかったのか、この時のキーシュの考えに一番近いものはどれか。
1　大人よりも子どもの方が純粋だから何を言ってもいい。
2　子どもは大人よりも、もっと大切にされるべきだ。
3　自分は子どもだが、自分が言った事に間違いはない。
4　母親が応援してくれるから、他の大人など関係ない。

60 （　②　）に入る最も適切なものは何か。
1　平成
2　平和
3　平等
4　平均

61 ③これからは大人しい口をきくようになるだろうよとあるが、男たちがこのように言った理由はどれか。

1 狩りをすることでキーシュも立派な大人になるから
2 母親が心配していることを知ることになるから
3 疲れて生意気なことをいう力が残ってないだろうから
4 必ず狩に失敗して帰ってくると思うから

62 ④キーシュは悠々と村の中へ入って来ましたとあるが、この「悠々」と一番近い言葉はどれか。

1 緊張
2 楽しい
3 悲しい
4 余裕

問題11 次のAとBはそれぞれ別の新聞のコラムである。AとBの両方を読んで、後の問いに対する答えとして、最もよいものを1・2・3・4から一つ選びなさい。

[A]

　世界保健機関(WHO)は19日、日本を含む多数の国で販売されている「電子たばこ」について、その安全性が確認されず「正しい禁煙療法とは考えられない」と発表した。電子たばこは、紙巻きたばこに似せたステンレス製の棒に液体ニコチン入りのカートリッジ(注1)を本体に取り付け、電気による熱で気化したニコチンを吸う仕組み。火を使わないため煙が出ることがないが、禁煙効果についてはまだ確認されていないという。
　WHO当局者は同日「製品に使用されている多くの化学物質の中に、強い毒性があるものが含まれている可能性がある」と指摘した。
　販売業者の中には、ウェブサイトや広告に「WHOお墨付き(注2)」と思わせる宣伝文句を使用する例もみられ、WHOはこうした言葉をすぐさま削除するよう業者に求めている。
　電子たばこは04年に香港企業が開発。日本のほか英国、カナダ、ブラジルなどで売られており、価格はカートリッジと充電器込みで1万円程度。

[B]

　電子タバコとは、液体ニコチン入りのカートリッジを本体に取り付け、本体の電熱機能で気化したニコチンを吸う、という仕組みになっている。煙は出ないが、吸うとLEDで先端が赤く光るギミック(注3)付き。見た目もタバコから葉巻、パイプまで、さまざまなタイプが販売されている。欧米諸国でも開発・販売されているが、先陣を切ったのは香港で、2004年頃に発売されたのが最初だそうだ。いずれもニコチンが摂取でき、一種の禁煙用品という扱い。禁煙の方法としては、カートリッジのニコチン濃度をだんだん下げていくことでニコチン依存度を下げていく、というやり方。つまりはニコチンガムでの禁煙

方法に近い考え方だ。この電子タバコ、ガムと異なりタバコを吸う気分が味わえる。しかも火もいらず煙も出ない。そう言うといいこと尽くめのように聞こえるが、問題点もある。まず、「禁煙効果が確認されていない」だけでなく、「使用されている化学物質の中に、毒性の強いものが含まれている可能性がある」というニュースもWHOから出されている。

　また、もうひとつの問題点として、体験談を見ていると「おいしくない」という声が多い。タバコを吸わない人には「タバコが美味しい」という感覚がわからないが、コーヒーを飲もうとして麦茶を飲んでしまったとき、くらいの違いがあるのかもしれない。

　ちなみに、この「ニコチンが吸える」タイプの電子タバコ、日本で販売する場合は薬事法に抵触(注4)するため、基本的には国内で購入することはできないそうだ。

(注1)　カートリッジ：交換用の小さな部品
(注2)　お墨付き：権力のある人の与える保証
(注3)　ギミック：おもちゃなどの仕掛け
(注4)　抵触：法律や規則に反すること

63 AとBのどちらの記事にも触れられている内容はどれか。

1 電子たばこと普通のたばこの味の違い
2 電子たばこの販売国と価格
3 電子たばこに禁煙効果があること
4 電子たばこに有害物質が含まれている可能性があること

64 電子たばこが普及することについて、Aの筆者とBの筆者はどのような立場をとっているか。

1 Aは批判的であるが、Bは明確にしていない。
2 Aは明確にしていないが、Bは批判的だ。
3 AもBも、ともに批判的である。
4 AもBも、ともに明確にしていない。

65 電子たばこが日本で販売できない理由は何か。

1 日本国内では電子タバコは違法なものだから
2 日本では電子タバコは薬として扱われるから
3 価格がとても高いから
4 電子たばこが普通のタバコよりも毒性が強いから

問題12 次の文章を読んで、後の問いに対する答えとして、最もよいものを1・2・3・4から一つ選びなさい。

　①呼吸とは、必要な酸素を肺を通じて体内に取り入れ、不要な二酸化炭素(注1)を体の外へ出すことを言います。呼吸をすることで、体にとって必要なものと不必要なものとのバランスを維持しています。呼吸は通常の意識からは独立していますが、心と繋がっている唯一の重要な生理機能です。他の生理機能（血液循環、消化など）は、意思によってコントロールすることはできません。しかし、呼吸だけは特別です。意識しなくても自然と呼吸は行われますが、深呼吸をしようと思えばリズムを変えることもできます。

　また、正しい呼吸習慣は生活習慣にもいい影響を与えます。間違った呼吸は心にも体にも偏りが生じ、生活習慣に偏りをもたらします。②間違った呼吸法の代表が口で呼吸することです。空気中には③体に害を与えるものがたくさん含まれています。口で呼吸をしてしまうと有害(注2)なものが口から喉を通り、そのまま肺に入ってしまうため、直接体がダメージを受けてしまいます。そして、口呼吸は片方の歯だけで物を噛む「片噛み」や横向き寝(注3)を促し、姿勢や骨格(注4)のゆがみまで連鎖(注5)するとの報告もあります。

　では正しい呼吸法は一体どのような方法なのでしょうか。まずお腹を上にして寝ます。そしてゆっくりと口から息を吐きます。そのとき、体の中の空気を全て外に出すつもりで時間をかけて吐きましょう。次に、鼻から深く息を吸います。この時、下腹(注6)が膨らむようにしてください。次に再び口から息を吐きます。吸った時間よりも1.5～2倍かけるつもりで長くゆっくりと吸ってください。これらの動作と呼吸を何回か繰り返すのですが、④いくつかポイントがあります。まず、「吸って吐く」のではなく、「吐いて吸う」という順序を忘れないでください。次に、呼吸法を行っている間、お腹の上に本などをのせることで呼吸がきちんとできているか確認しながらおこなってください。最後に横になることができない場合は椅子に腰掛けておこなっても効果があるということです。こういった呼吸法は1日や2日しただけでは効果が得られないので、毎日習慣にすることが大事です。皆さんも一度健康によいこの呼吸法を試してみてください。

(注1) 二酸化炭素：ＣＯ２
(注2) 有害：害があること
(注3) 横向き寝：横を向いて寝ること
(注4) 骨格：体を支え、内臓を保護している部分
(注5) 連鎖：物事が互いにつながっていること
(注6) 下腹：お腹の下の部分

66 ①呼吸とあるが、呼吸について本文に合っている内容はどれか。

1　自分の意志によりコントロールすることができる。
2　必要な酸素を肺から取り入れる。
3　体にとって必要なものだけを作り出す。
4　意識せずにはできない行為だ。

67 ②間違った呼吸法の代表が口で呼吸することですとあるが、筆者はなぜこの方法がダメだと言っているか。

1　横を向いてしか寝られなくなるから
2　体に直接のダメージを与えるから
3　骨を弱くし歩けなくなってしまうから
4　虫歯になりやすくなるから

68 ③体に害を与えるものとあるが、これに含まれないものはどれか。

1　埃
2　細菌
3　かび
4　水分

|69| ④いくつかポイントがありますとあるが、本文に書かれていないポイントはどれか。

1 吐いて吸うという順番を守る。
2 横になってできない場合は座りながらしてもよい。
3 呼吸がきちんとできているか確かめながらする。
4 効果を得られるまで続ければその後はしなくてもよい。

問題13 次は、ある大学で学生が参加できるセミナーのリストである。下の問いに対する答えとして、最もよいものを1・2・3・4から一つ選びなさい。

[70] 社会学部の3年生の男子学生、まさお君が参加できるセミナーはいくつあるか。

1 3つ
2 4つ
3 5つ
4 6つ

[71] 経営学部の4年生の女子学生、のぶこさんは将来ガイドの仕事につきたいと考えている。のぶこさんはいつのセミナーに参加するといいか。

1 9月5日
2 9月8日
3 9月15日
4 9月18日

9月にある大学生のためのセミナー

日時	対象	人数	費用	題名	内容
9/1 16:30〜18:30	全学部の4年生	50名	500円	大学生のための「仕事を考える」セミナー	今後の人生を決める就職戦線を勝ち抜くためのノウハウやマナー、各有名企業が求める人材など様々な情報を提供
9/5 16:30〜18:30	全学部の1〜4年生	制限なし	無料	大学生のための旅行セミナー	旅行業務取扱主任者試験についてや旅行業界への就職などについて詳しく説明
9/8 14:00〜15:00	商学部・経済学部の1〜4年生	5〜50名	無料	大学生のための証券セミナー	証券市場の仕組みと機能についてや株式の発行と取引方法などについて詳しく説明
9/10 13:30〜15:50	医学部の3・4年生	制限なし	無料	大学生のためのスポーツ医学セミナー	筋力トレーニングにおける誤解と偏見や正しい筋力トレーニングなどについて詳しく説明
9/14 13:00〜17:00	家政学部・農学部の1〜4年生	20名	300円	大学生のためのご飯食セミナー	ごはん食の健康面での有用性、水田農業の重要性について正しい知識の習得と、調理実習体験により、ごはん食の推進を図る
9/15 17:00〜19:00	全学部の3・4年生	350名	無料	新聞記者になりたい大学生のための就活スタートセミナー	新聞記者の仕事内容や新聞社への入社試験対策などを詳しく説明
9/18 10:00〜17:00	福祉学部の1〜4年生	15名	無料	大学生のための福祉セミナー	実際に福祉の現場で活躍している方が実際の経験を話す
9/20 14:00〜15:30	全学部の1〜4年生	制限なし	無料	大学生のための就職に強い留学セミナー	新卒市場の動向、採用されやすい人材、留学をする場合の注意などについて詳しく説明

9／22 11：00〜 15：00	文学部・社会学部の1〜4年生	30名	無料	大学生のための海外生活・異文化体験のためのセミナー	英語圏・アジア圏でのホームステイ・語学研修事情について詳しく説明
9／28 13：00〜 14：30	全学部の3・4年生	50名	500円	大学生のための出版業界セミナー	出版業界の基礎知識や最近の業界動向などを詳しく説明

모의고사

제2회

1교시
모의고사

読解

問題8 次の文章を読んで、後の問いに対する答えとして、最もよいものを1・2・3・4から一つ選びなさい。

（1）
　収入が伸び悩む中、消費者の動向がモノを買うだけの「購買型(こうばいがた)」から、技術を身につけたり、商品を手に入れた後も長く楽しめる「体験型」に変わりつつあります。消費者の好みの変化に対応し、デパートなども品ぞろえやサービスを工夫し始めています。ある有名な料理教室では、入会金1万2600円、受講料が12回コースで5万4180円と安くはないですが、受講生は、「モノを買ってもいつかなくなるので、それなら、身につくことにお金を使いたい」と話しています。

46 上記のような「体験型」を好む消費者の動向に合わせて提供されるサービスに当てはまるものはどれか。

1　ゴルフスクール
2　ホームショッピング
3　エステサロン
4　引っ越し専門業者

（2）

　広島県のある会社が、おかゆと同じぐらいの軟らかさの「らくらく食パン」を開発、医療施設や介護施設などに向けて発売した。高齢になると歯が少なくなるだけでなく、唾液(だえき)の減少や、のみ込む力、かむ力が弱くなり、パンが食べにくくなる傾向がある。子どもの頃からパンを食べ慣れている高齢者が増え、食べやすいものを求める声が寄せられていたという。同社の広報担当者は「普通のロールパン程度のやさしい甘みで、シチューにも合う。」と話している。

47 「らくらく食パン」が開発されたきっかけは何か。
　1 高齢者層をターゲットにした食品市場で、おかゆの会社と競争するため
　2 パンには健康な歯の維持、唾液の維持、かむ力の増強効果があると分かったため
　3 子供の頃からパンに慣れ親しんできた高齢者からのリクエストがあったため
　4 広報担当者がパンがシチューにも合うと気づいたため

（3）

　高齢化により日本の社会はどこでもベテランばかりになってきた。そのような環境の中では、若手はベテランの補助的な仕事をすることが多くなり、彼らが責任のある仕事をする機会が減ってきている。短期間でみると、ベテラン自らが仕事をした方が効率的だと思うが、育つ機会を若手から奪うことの報いは大きい。ベテランの活力も次第に衰え、新しい環境への対応も難しくなる。これからの仕事の中で私たち「ヒト」に求められる能力は、ＩＴではできないものに変わっていくだろう。知識を知恵に変える能力はその一つである。これからは若手にその能力を高めさせ、生かせるようにする必要がある。

48 筆者がここで最も言いたいことは何か。

1　今の日本社会は高齢化社会だが、若手がベテランの仕事を見て学べる点は長所だ。
2　若手にチャンスを与えるような企業や社会の仕組みを意図的につくる必要がある。
3　若手は新しい環境への対応力が優れている。
4　ベテランの活力が衰えた場合、頼みの綱はＩＴだ。

（４）

　お茶は茶葉と水が主原料のシンプルな飲み物です。しかし、茶葉のブレンドや加工方法、入れ方によって何百通りもの味をつくり出すことができます。お客様が、今のお茶にどのような不満を持ち、どのような味を期待し、また、どのようなお茶があれば、よりお客様の生活が楽しくなるだろうか、などを思い浮かべながら、試作を重ね、味を決めていきます。新しい発想と技術によって生まれた新商品をご購入いただいたお客様から、嬉しい声を頂いた時が最もやりがいを感じる瞬間です。

49　この文章の話し手の業務は何か。
　　1　健康成分の有効性・安全性の確認業務
　　2　知的財産権の権利化業務
　　3　鮮度保持技術の開発業務
　　4　新商品開発および品質保証業務

問題9 次の文章を読んで、後の問いに対する答えとして最もよいものを、1・2・3・4から一つ選びなさい。

(1)

　日本の「笑い」は世界において独自の発展を遂げているといえる。特に物事をうまく運ぶためにちょうどいいタイミングである「間」はとても重要とされ、せっかく面白いことが言えたとしても、①それが0.1秒違っただけで笑いが生まれないという厳しいものである。ゆえに笑いを職とする人間には他人の心情や、今その場所がどのような状態であるのかを感じることが必要とされる。これを「空気を読む」という。空気を読むことは笑いの世界に限ったことではなく、日本では一般社会でも重要なこととされ、逆の「空気を読まない」または②「空気を読めない」ことは他人との人間関係に支障(注1)が出ることもある。

　このように「空気を読む」ことを重要とする日本人にとっては、「空気が読める」人間は好感(注2)の対象となる。しかし、これがなかなか難しいのである。

　その能力が求められ、それを仕事とするものが、笑いを職とする者たちであろう。日本の笑いの世界では人の頭を叩くなど、他の国から見れば信じがたいとされる面もあるが、それも無意味におこなっているのではなく全てはこの「間」を元に形成されている。ストレートな笑いだけでは通用しない日本人に合わせ日本の「笑い」は発展してきたのである。

（注1）支障：事を行なう時に邪魔となる物事
（注2）好感：良い印象

[50] ①それは何を示しているか。
1 タイミング
2 0.1秒
3 笑い
4 間

[51] ②「空気を読めない」に当てはまらないものはどれか。
1 ダイエットをしている友達においしいケーキ屋の話をした。
2 社長に対していつも失礼な言葉遣いをする同僚を見ていると緊張する。
3 先月生まれた友達の子どもを見に行って「可愛くないね」と正直に言った。
4 仕事の締め切り前で会社全体が忙しい中、自分の仕事が終わったので早々に帰った。

[52] 筆者の考えと一番近いものはどれか。
1 「空気を読まない」人間はお笑いを職にしないほうがいい。
2 「空気を読める」人間は日本社会で支障をきたすことが多い。
3 ストレートな笑いを好む日本人には「間」の重要さが理解しにくい。
4 他人の心情や、その場の状態を感じ取ることと空気を読むことは別のものである。

（２）

　映画において音楽の位置を話し合う時、皆が口をそろえて重要だというが、なぜそれが重要なのか、どのように重要なのか、誰も私に説明してくれた人はいない。①それもそうだ、重要であるかどうか以前にまず音楽は映画にとって必要かどうかという研究すらまだされてないのだから。

　音楽ははたして絶対に映画に必要なものなのだろうか。誰かそれについて考えた人はいたのか。私の見解の範囲では、そんなばからしいことを考える人は誰もいなかったようである。

　ただもう皆が「映画に音楽はなくてはならないものだ」と決めてしまったのである。だから基本的に映画が写りだすと同時に音楽が聞こえ始めなければならないことになってしまったのである。

　どんなことにも、全てこのように信心深い(注1)人たちであるから、今私が「音楽は必要ですか」などと愚問(注2)を提出したら、必ず笑われるに決まっている。

　ましてや②音楽家(注3)連中は待ってましたとばかりに、「これだから日本の監督は駄目だ。全く音楽に対する理解力も素養もない、こんなことでいい映画ができるわけがない。」というに決まっている。

　しかし、映画において重要なのは何も音楽だけではない。だが、音楽家達は映画を見る場合、ほかのことは何も見ないで音楽のあら探しだけに興味を持つのは自由だが、そのあとで、「なぜこの監督はその半生(注4)を音楽の研究に費やさ(注5)なかったのか」など無理な駄目出しをされるのは全く迷惑な話である。

（注1）信心深い：神などを信仰する心が強い
（注2）愚問：くだらない質問
（注3）音楽家：音楽を専門とする人
（注4）半生：一生の半分
（注5）費やす：使うこと

53 ①それもそうだとあるが、どういうことからそれもそうだと思うのか。
1 説明できるほど、皆それについて知らないから
2 誰でも知っているようなことを、わざわざ研究する者などいないと思うから
3 重要であるか以前に必要であるかという研究が必要だから
4 映画にとって音楽は必要なものだと昔から決まっているから

54 本文の②音楽家に当てはまらないものはどれですか。
1 音楽のあら探しだけに興味をもつ。
2 音楽に対する理解力がない。
3 音楽の研究に半生をついやす。
4 映画の中で音楽以外への感心が薄い。

55 筆者の考えと最も近いものはどれか。
1 音楽家達の映画への興味はもっぱら映画の中に使われる音楽のみにある。
2 映画監督の自分に映画と音楽について質問をされても困る。
3 音楽家達は映画のことに関しても詳しい人間が多いので文句をよく言ってくる。
4 音楽がどのように映画に重要なのかを音楽家達に研究してほしい。

（3）

　2004年の文部科学省の発表で都道府県立高校において授業料を免除された授業料免除者の割合が高い地域とし大阪府が上げられました。大阪府での授業料免除者の割合は24.6%、北海道は第三位で13.0%。これに対し静岡県は2.0%と低い割合となりました。このように大阪府と静岡県では22.6%という大きな差が出る結果となりました。このような教育格差を基本的に生み出す主要な原因は、家庭や階層の経済格差と文化資本格差にあります。教育格差は①<u>格差の循環あるいは再生産</u>といい、様々な形の中で教育格差は生み出されています。また準保護者(注1)の割合も増えており、所得の低い家庭が修学援助(注2)の対象となるため、その割合が高ければ高いほど、所得の低い家庭が多いと言うことになります。最も割合が高いのは、大阪府の24.75%、第二位は東京都の23.14%、後は山口県などという結果になりました。反対に、割合が低いのは静岡県の3.60%で、後に栃木県、茨城県と続きます。その他の調査では、県民所得や給与所得などの平均額が平均化された数字では、都市部の値が高くなる結果となり、これは「豊かな都市部」と感じられますが、生活保護率からみると、都市部の中での大幅な高低の差が生じているといえます。

（注1）　準保護者：生活保護を受けていないものの、生活保護を受けるに準する
（注2）　修学援助：学校に通わせる上で必要な教材費・校外活動費・修学旅行費・
　　　　　　　　　学校給食費などの援助

56 「大阪府」について文中の調査結果から分かる内容はどれか。
1 高校における授業料免除者の割合が全国で2番目に多い。
2 日本全国で最も所得の低い家庭が多い。
3 「豊かな都市部」に含まれる。
4 大阪府の中では教育格差は見られない。

57 ①格差の循環あるいは再生産とあるが、説明として最も近いものはどれか。
1 どこか一部が良くなければ全体が改善されるということ
2 例えば、大学まで行けなくても就職できたり大卒と同等に扱われること
3 不平等にならないように様々な分野で順番に格差が発生するということ
4 ある状況が新たに次の格差を生んだり広げたりするということ

58 内容と合っているものはどれか。
1 教育格差は経済格差のみによって生み出される。
2 静岡県は教育格差の被害者だと言える。
3 各都道府県内の所得や給与額の平均値からは都市部の中の格差は見えてこない。
4 都市部の中の格差は都道府県同士の格差に比例する。

問題10 次の文章を読んで、後の問いに対する答えとして、最もよいものを1・2・3・4から一つ選びなさい。

　競争社会と言われる今の世の中、どの会社も生き残りをかけて「考えて、工夫することのできる人、どんな苦労もいとわない人」を増やすため、必死になって努力している。申し訳ないが、そういう努力がなくても潰れない組織は役所ぐらいである。早い話、怠け者でも懸命に働かざるをえない。懸命に働くための原動力(注1)として、このような「必要に迫られた」理由はどちらかというとわかりやすいものである。
　人間は、本質的には「怠け者」であるはずだ。しかし、一方では、世の中や周囲がどうであれ、自分の「仕事」として満足のいく結果を求めて前向きに努力するような人も、必ずいるのである。潰れることのない役所にも、数少ないがそういう人がちゃんといる。だが、逆に考えれば、例え生き残りのためであっても、どんなに辛い仕事であっても、どうせやらなければ生き残られないのであれば、前向きの努力家の方がずっと良い結果につながる。人間がそのような前向きの①努力をするときの原動力になるものは、一体何なのだろうか。
　最初に思いつくのは、「なりたい自分」になるという喜びである。「自分という人間はこうありたい、こうでなければならない」という気持ちと同義である。
　しかし、こういう「夢」は、原動力としては実は最も弱いのではないか。どういうことかというと、そのための努力は、一般に「まじめであること」によって実行される。しかし「まじめな人」は、「義務感」や「復讐心」を原動力にいくら努力しても、勉強で言えば勉強そのものの喜びを知っている人、スポーツやコンクールで言えば練習そのものに喜びを感じている人に、恐らく勝つことはできないのである。②こういう「思い違い」はいくらでも挙げることができる。
　つまり、「なりたい自分」は、努力の原動力として重要ではあるが、それは、「なりたい自分」が主に行う仕事が、自分が「楽しい」と思えることの延長になければ、「なりたい自分」は結局は「絵に描いた餅」というか、（　③　）、それだけではいずれ「燃料切れ」を起こして、原動力としての力を失ってしまう。私は、人間の「能力」というのは、人それぞれの「分野」で、誰もが、本来充分「すごい」ものを持っているような気がする。原動力を作り出す「エンジン本体」は、すでに存在しているのである。問題はそこに供給されるべき「燃料」である。この「燃料」が豊富にあれば、人はいくらでも努力できるし、逆にこの「燃料」がなくては、どんな優れた「エンジン」も、その力

を発揮することはできない。

　（注1）原動力：物事の活動のもととなる力

[59] ①努力をするときの原動力とあるが、筆者の「努力の原動力」についての考えとして正しいものはどれか。
1　「なりたい自分」よりも仕事自体を楽しむことが大切だ。
2　「なりたい」という気持ちがないと「すごい人」にはなれない。
3　「努力の原動力」は、車で例えるとエンジン本体にあたる。
4　怠け者は本質的に「努力の原動力」を持ち合わせていない。

[60] ②こういう「思い違い」の例として最も適切なものはどれか。
1　ある格好良い職業につきたい人が「そこで行われる仕事」そのものに面白さを感じること
2　ダイエットしたい人が「食べない」ことに喜びを見出すこと
3　尊敬されたい人が「尊敬されるような何らかの行為」そのものに喜びを感じること
4　お金持ちになりたい人が「お金を遣うこと」に喜びを感じること

[61] （　③　）に入れるのに最も適切なものはどれか。
1　現実的というか
2　相応であるために
3　地に足がついていないというか
4　計算高い感じがして

[62] 本文で筆者が最も言いたいことは何か。
1 役所の怠けた体質を変えるためにも原動力となるものを職員に見つけさせるべきだ。
2 現実問題として今の世の中を生き抜くには「燃料」を見つけて意義ある生き方をした方がいい。
3 まじめであるだけではある程度のレベルへの到達で終わってしまい、一流にはなれない。
4 現在、世の中で必要とされている人材になるためにはエンジンが必要である。

問題11 次のAとBはそれぞれ別の文章である。AとBの両方を読んで、後の問いに対する答えとして、最もよいものを1・2・3・4から一つ選びなさい。

[A]

　映画館留学とは映画館で英語を学ぶ学習方法のことです。どのような学習方法かというと、映画館にノートを持っていき、気になった音を書きます。その時アルファベットで書くのではなく、カタカナや絵を書き、それを映画を見終わった後に英語におこし、身につけていく学習方法です。
　私がこのような学習法を思いついたきっかけは、ジョン万次郎という人の存在を知ったからです。彼はまだ日本が鎖国(注1)をしていた頃、漁(注2)の最中に船が難破(注3)しアメリカの船に助けられました。そのままアメリカに渡った彼は英語だけの環境で辞書もなし、テキストもない中まわりで話している言葉を一生懸命ノートにカタカナで書き写し英語を勉強しました。そして通訳にまでなりました。私はもともと英語が苦手で普通の方法での英語学習には抵抗がありました。彼のような勉強方法であれば自分でもできるかもしれない。そう思いました。しかし、留学できるようなお金はありませんでした。そんな時、見つけたのが身近な存在である映画だったのです。
　しかし、初めから上手くできたわけではありません。家に帰るとノートを清書するのですが、最初の2ヶ月は自分の字が読めないこともよくありました。文字になっていなかったり、重なって書いていたり、それはもうひどいものでした。映画館という暗闇で、しかも手元を見ずにノートに字を書いていくことは、とても困難でした。それでも、しばらくすると慣れてきて、だんだんできるようになりました。この勉強方法には確かに難点(注4)もあります。テキストのように一から順番にレベルを上げるような計画性のある勉強方法ではありません。だから、自分がどの段階まで話せているのかは分かりづらいです。しかし、テキストには無い利点もあります。それは「音の記憶」と「会話の決まり文句」です。この勉強方法は一般的な勉強方法の苦手な私にとっては最適な勉強方法でした。

[B]

　「映画は最高の英語教材だ」という言葉があります。映画は感情移入が可能で、気持ちが入れば入るほど、言葉の上達は早いです。また、勉強のための英会話ではなく、日頃使われている自然な会話が学べます。映画好きな人なら英語の学習が楽しくなる点も大きいです。義務感があっていやいや学習するのではなく、英語学習が毎日の楽しみになれば上達は早いです。

　では具体的に映画を用いてどのように勉強するのか、いくつかの方法を説明しましょう。まず作品のシナリオを用意します。映画のセリフ等が完全に対訳(注5)されている本がいくつか出版されているので、それを購入するといいでしょう。次に映像メディアですが、DVDなら字幕(注6)と吹き替えを切り替えることができ、内容も10分程度に分けられているので便利です。音声(注7)と字幕ですが、二通りの方法があります。一つ目は、音声は英語で字幕は日本語にして、なるべく生の音声で映画を理解しつつ、聞き取れない部分だけを英語の字幕で確認する方法があります。二つ目は、もし、映画で使われている英語のレベルが自分の実力より高いと思う場合に、音声は日本語で字幕は英語にする方法があります。こうすると、日本語の音声を聞きながら映画を見て、その場面で使う英語の字幕を見て考えることになります。一方的に流れてくる英語はより難しくなるので、このセットにすると「こういう場面では英語でそう言うのか！」という逆の発想で学習が可能になります。そして、特定部分を繰り返し練習します。学習者の英語レベルにもよりますが、初めは気に入ったシーンやセリフだけを何度も繰り返し練習する方が効率が良いでしょう。最後はセリフの編集と研究。自分の学習した内容を編集するという行為は脳内で記憶が組織化されるので、学習効果が高いです。気に入ったセリフを集めてもいいし、状況別によって分類してもいいです。このような方法を用いて映画を教材に勉強します。ここで一番大切なことは「楽しむ」ということです。なぜなら、それをできることがこの学習方法の最も重要なところだからです。

(注1) 鎖国：外国との貿易を極端に制限すること
(注2) 漁：船で海に出て魚など魚介類を取ること
(注3) 難波：暴風雨などで船が壊れたり、帰れなくなること

(注4) 難点：難しくて困難なところ
(注5) 対訳：もとの文章と訳を対照できるように並べて書くこと
(注6) 字幕：特に外国映画などの会話の翻訳を画面に映し出したもの
(注7) 音声：人間の発する声

63 Aの記事にのみ触れられている内容はどれか。
1 映画は英語を勉強するのに適した素材である。
2 映画を使っての具体的な学習方法の説明
3 映画で英語を勉強する時に必要なもの
4 映画での英語の学習方法には難点もある。

64 映画を使っての英語の勉強の特徴はどんなことだと言っているか。
1 実際に実用的な英語を学ぶことができる。
2 楽しみながらできるが、長続きしないのが難点である。
3 初めは勉強だと思わずに取り組んだほうが良い。
4 自分で研究したいという気持ちがある人には向いている。

65 映画を使っての英語の勉強について、Aの筆者とBの筆者はどのような立場で書いているか。
1 AもBも自分の経験と考えを主体に書いている。
2 AもBも映画での英語勉強の方法を主体に書かれている。
3 Aは自分の経験と考えを主体に書いてあり、Bは映画での英語勉強の方法を主体に書かれている。
4 Bは自分の経験と考えを主体に書いてあり、Aは映画での英語勉強の方法を主体に書かれている。

問題12 次の文章を読んで、後の問いに対する答えとして、最もよいものを1・2・3・4から一つ選びなさい。

　過敏性腸症候群(かびんせいちょうしょうこうぐん)は、日本人では多くみられる病気で、約10％の人が過敏性腸症候群の症状を持っているとも言われています。この病気は、精神的・身体的ストレスが原因で、下痢や便秘(べんぴ)(注1)を繰り返す便通異常(べんつう)の症状を言います。
　主に、春から夏にかけて、もしくは秋の初め頃などといった季節の変わり目(かわめ)(注2)に症状が出やすくなったりします。季節によって症状が出やすくなるのは、体の全体のバランスが崩れやすくなるからです。
　1日の中では特に午前中（食後）に強い症状が現れやすく、仕事や学校が休みの日、帰宅中・下校時には症状は比較的出にくいようです。朝の通勤途中に何度もトイレに行きたくなってしまったり、重要な仕事をしている場合も便秘や腹痛(ふくつう)に悩まされることが多いようです。①このような症状がある場合は、過敏性腸症候群かもしれません。一般的に、②緊張やストレスを強く感じる場面で症状が出やすいと言われています。
　過敏性腸症候群は、主に下痢、便秘、下痢便秘交代型の三種類があります。その他にガス型といってガスでおなかがはる、おならがよく出る、などの症状が出る人もいます。
　症状がある場合は、なるべく水分や食物繊維をとるように努力し、飲みすぎや食べすぎ、刺激物を控えましょう。また、ストレスをやわらげる自律訓練法(じりつ)も効果のある治療法の一つです。自律訓練法は催眠療法(さいみんりょうほう)(注3)を用いて心身の緊張やストレスを解(と)きほぐします。
　しかし、一度下痢や便秘を経験すると、同じストレスにあった時「またおなかが痛くなるかも？」と体が緊張し、再び症状を引き起こしてしまうことが一番の問題です。これが続くと、外出や乗り物に乗ることが恐くなったり、日常生活にもさまざまな支障(ししょう)が出てきてしまうこともあります。また、人によってはうつの状態にまで発展してしまう人もいます。ストレスの原因は簡単に取り除けませんが、まず医師に相談することが、不安解消(かいしょう)に役立つかもしれません。
　なるべくストレスをためないようにし、日頃から規則正しい(きそくただ)生活をする、十分な睡眠と休養をとる、バランスのよい食事を朝・昼・晩きちんと食べる、適度な運動を行なう、趣味などで気分転換をする、リラックスできる時間や空間を作る

など、生活習慣の改善が大切です。もちろん、趣味やリラックスの方法は人それぞれ違いますので、音楽や読書、スポーツなど、自分にあった気分転換の方法を見つけるとよいでしょう。

（注1）便秘：便が体内に滞ること
（注2）季節の変わり目：次の季節へうつりかわる時
（注3）催眠療法：人工的に作られた睡眠に似た状態を用いて治療する方法

66　①このような症状とあるが、どのような症状か。
　1　仕事や学校が休みの日にお腹が痛くなり、トイレに行きたくなる。
　2　仕事が忙しい時や通勤の時によく腹が痛くなったり何度もトイレに行きたくなる。
　3　通勤時間が長いから途中何度もトイレに行きたくなる。
　4　朝ごはんを食べないので便秘になる。

67　②緊張やストレスを強く感じる場面とあるが、それはどのような場面か。
　1　日曜日に家でテレビを見ている時
　2　会議で重要な発言をしないといけない時
　3　思ったよりも仕事が速く片付いた時
　4　通勤中、好きな小説を読んでいる時

68　「過敏性腸症候群」の治療に効果的でないものはどれか。
　1　食べすぎが良くないからと食事の量を極端に減らす。
　2　睡眠や休養をとり、リラックスする。
　3　心理カウンセリングを受けたり、ストレスを減らすように努める。
　4　趣味や運動をして気分を変える。

69 筆者の意見と合っているものはどれか。

1 ストレスをためないように適度に運動したり、気分転換をするとよい。
2 通勤途中、腹痛に悩まされないように朝は食べずに出かける。
3 外出や乗り物を恐れてしまい、うつの症状を引き起こしてしまった。
4 おなかが痛いときは会社を休んで休養する方がいい。

問題13 次は、インターネットサイトの会員登録画面、運転免許証、西暦・年号早見表である。下の問いに対する答えとして、最もよいものを1・2・3・4から一つ選びなさい。

70 夏子さんはインターネットショッピングをするためにショッピングサイトに会員登録をしようとしている。買い物の後、サイトからの宣伝広告は受けたくない夏子さんが、登録の際に入力しなくても良いものはどれか。

1　メール配信拒否
2　携帯番号
3　誕生日
4　名前

71 夏子さんは会員登録のために①と②に入力しなくてはいけないもので正しいものはどれか。

1　①タナカ　ナツコ　②昭和25年3月18日
2　①たなか　なつこ　②昭和60年12月24日
3　①タナカ　ナツコ　②1985年12月24日
4　①たなか　なつこ　②2009年09月23日

サイトのご利用にあたり、以下の必要項目を入力の上、会員登録を行って下さい。

※ 氏名：_____
※ フリガナ：_____ ← ①
　（全角カナで記入して下さい）

※ 生年月日：▽___年 ▽___月 ▽___日 ← ②
　（西暦記入して下さい）
※ 性別：男 ○　女 ○　（どちらかをチェックして下さい）

※ 電話番号：___-___-___
　携帯電話番号：___-___-___
※ 住所：郵便番号 ___-___
　▽_____都道府県
　_____市区町
　_____番地　マンション名

※ Eメールアドレス：_____@_____
　サイトからの
　広告メール配信：希望 ○　拒否 ○　（チェックが無い場合にはメール配信を行います。）
※ ログインID入力：_____
※ もう一度入力：_____
※ パスワード入力：_____
※ もう一度入力：_____

　　　　　　　　※ は入力必須項目です。
　　　　　　　　▽ はクリックすると必要項目が選択出来ます。

　　　　　必要項目を入力の後確認ボタンをクリックして下さい。

　　　　　　　　　　　　　　　　[確認]

西暦・年号　早見表

西暦	年号	西暦	年号
1971年	昭和46年	1983年	昭和58年
1972年	昭和47年	1984年	昭和59年
1973年	昭和48年	1985年	昭和60年
1974年	昭和49年	1986年	昭和61年
1975年	昭和50年	1987年	昭和62年
1976年	昭和51年	1988年	昭和63年
1977年	昭和52年	1989年	平成1年
1978年	昭和53年	1990年	平成2年
1979年	昭和54年	1991年	平成3年
1980年	昭和55年	1992年	平成4年
1981年	昭和56年	1993年	平成5年
1982年	昭和57年	1994年	平成6年

運転免許書

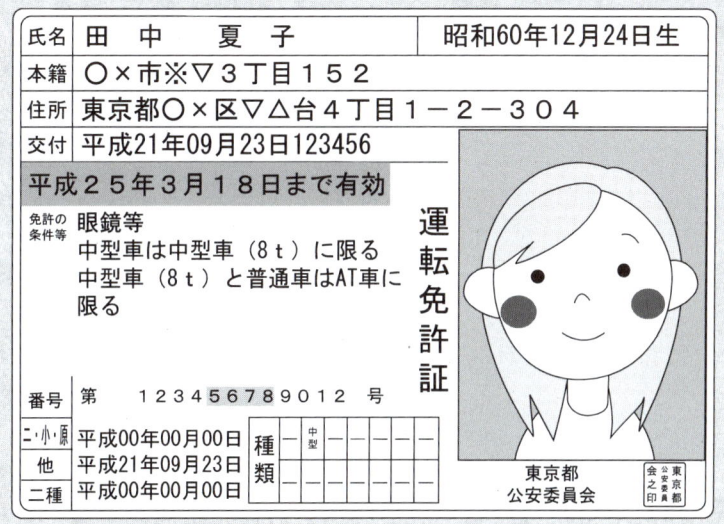

모의고사 제3회

1교시
모의고사

読解

問題8 次の文章を読んで、後の問いに対する答えとして、最もよいものを1・2・3・4から一つ選びなさい。

（1）
　最近、食品に対して安全性よりも安さを重要視する消費者が増えていることがある調査で分かりました。また、食費を節約するため家で食べる傾向が強くなり、不景気が食卓に大きな打撃を与えたことも明らかとなりました。調査の結果、食に関して安さ志向は27.2％から43.2％に大きく増えました。これとは逆に安全志向と答えた人の割合は15.6％になり去年の41.3％から大きく減少しました。また、国産志向は18.2％から12.1％に減少しました。

46　本文の内容に合っているものは何か。
　1　家で食事をすることが一番食費を抑える効果的な方法だ。
　2　消費者が安さを求めるようになったのは食品の安全性が向上したからだ。
　3　去年の調査と比較した結果、安全志向と国産志向を重視すると答えた人が大幅に減少した。
　4　安さ志向の消費者が増加したのは不況の影響が大きい。

（2）
　物が燃える仕組みを皆さんはご存知だろうか。物は全て原子という、とても小さな粒でできているが、その粒が空気の中にある酸素と結びついて燃え出し炎になる。このように、酸素なしに物は燃えることはできない。酸素と燃える気体が結びついて初めて火ができて燃えるのだ。それは様々な実験で証明されている。また、物が燃えている時は酸素と燃える気体の粒が、激しく動き回っている。その運動のために、温度が高くなったり光を出したりするので、①火は熱く感じられるのだ。

47　①火は熱く感じられるとあるが、それはなぜか。
　　1　原子の粒が気体の粒になる時に激しく移動するから
　　2　火のもととなる原子と酸素の粒が熱を帯びているから
　　3　酸素と燃える気体が結びついた時点で強い熱を放出するから
　　4　火のもととなる酸素と燃える気体の粒がすさまじく動くから

（3）

　ある調査で今年の自宅以外から大学へ通う大学生への親の仕送り(注1)額が去年より約3,000円下がったことが分かりました。このことから奨学金を希望する学生が増え、奨学金は去年から2,100円増加した26,430円となりました。ここから仕送りなどの減収(注2)分を補おうとしているのが伺えます。仕送りの減収分を補う方法としてアルバイトがありますが、これも減少し去年は24,600円だったのが今年は22,370円となりました。そこで支出を切り詰める(注3)傾向が強くなり、中でも食費は去年よりも1,080円減少した23,350円となりました。

（注1）仕送り：親が子どもの生活や勉強を援助するためお金などを送ること
（注2）減収：収入などが減ること
（注3）切り詰める：経費などを節約する

48　去年と一番差額が大きいのはどれか。

　　1　仕送り額
　　2　アルバイト収入
　　3　奨学金の額
　　4　食費の額

（４）

　近頃、大衆小説を読んであまりこころよく思わないことがある。それはたまにその作者が、作品の映画化を意識して書いていると思う場合があるからだ。

　私が読んだ小説の作者の誰かが、「文学は文学、映画は映画と言う風に別々に進んだほうがいいのではないか」という意味のことを書いていたが、その言葉に私は頷けた。

　文芸家側から求めるものは、従来の映画物語ではなく、またシナリオ化された小説でもなく、映画作家に映画制作への強い意欲と興奮を与えてくれるようなオリジナルな内容を持った文学作品だ。

49　筆者の意見と合っているものはどれか。

　１　作品の映画化を意識して書いている小説は絶対に読みたくない。
　２　文学と映画は分けて考えたほうがよいと考える作者の小説のみ興味が湧く。
　３　シナリオ化された小説などが映画制作に取り組みやすい。
　４　作者には映画制作したくなるような独創的な内容の作品を作ってほしい。

問題9 次の文章を読んで、後の問いに対する答えとして、最もよいものを1・2・3・4から一つ選びなさい。

（1）

　チンパンジーは20～100頭程度からなる群れを作ってその中で生活している。今まで様々な実験でチンパンジーの知能が高いことなどが証明されてきたが、最近京都大学霊長類研究所の実験でチンパンジーの①新たな性質が発見された。どのような性質かというと、人間の視線の対象は気にしないのに仲間の視線(注1)は集中してじっと見るというものだ。この研究所(注2)では視線の動きを追跡する装置を使い、8頭のチンパンジーと8人の人に、チンパンジーと人間が手前の湯のみ茶碗(注3)を見つめている写真をそれぞれ見せたところ、チンパンジーは他のチンパンジーが湯のみ茶碗を見ている写真を見ると、自らその茶碗を長く見つめたが、人が茶碗を見ている写真には反応しなかった。このようにチンパンジーが、同種(注4)の視線につられるのは、えさや敵の発見といった生き残る(注5)ための情報を得るためであると考えられる。一方、人は人だけでなくチンパンジーが見た方向もしばらくじっと見つめていた。他の人の視線の向きに敏感な人の性質は他の人の心の動きを読むなど社会的な能力に関わるとされている。チンパンジーにはまだまだ分かっていない行動や心理があるので、こういった実験はこれからも続いていくだろう。

（注1）視線：目で見ている方向
（注2）研究所：研究している場所
（注3）湯のみ茶碗：お茶を飲むとき用いる小さい茶碗
（注4）同種：種類などが同じであること
（注5）生き残る：他の者が滅んだ後も生き続けること

50 ①新たな性質とあるが、どんな性質か。

1 他の動物の視線の先をずっと観察する性質
2 他の動物の視線をさっと変化させる性質
3 同じ動物の視線の中にそっと入る性質
4 同じ動物の視線の先をじっと見つめる性質

51 実験した時のチンパンジーの様子として正しく書かれているものはどれか。

1 チンパンジーと人の写真の両方に反応を示した。
2 チンパンジーの写真のみに反応を示した。
3 人の写真のみに反応を示した。
4 チンパンジーと人の写真の両方に反応を示さなかった。

52 本文の内容と合っているものはどれか。

1 チンパンジーの知能の高さは過去に行われた実験で証明されている。
2 チンパンジーは湯飲み茶碗に興味を示すことが今回の実験で分かった。
3 今回の実験でチンパンジーの心理状態について全て明らかになった。
4 チンパンジーは基本的に単独で暮らす動物だ。

（２）
　英吉は流しの暗い棚の上に光っているガラスの酒瓶を見つけた。その瓶の口に自分の口をつけて上を向くと、一滴(注1)の酒のしずくが舌の上で広がった。英吉はもう一度やってみたが今度は駄目だった。
　「またそのままで飲む！」と①母親が英吉を睨んだ。
　英吉は「へへへ」と笑って鼻と口とをなでた。
　「英吉は酒屋(注2)で働かせるといいわ。」
　姉がそういうと、父と兄は大きな声で笑った。
　その日の夜、夢で英吉は真っ暗な平野で口が耳まで裂けた大きな顔に笑われた。英吉は怖くなり必死に逃げようとするのに②足が言うことを聞かずただ汗が流れるばかりで結局身体は動いていなかった。けれどもその大きな顔は、だんだん英吉の方へ近寄って来るが、英吉をどうしようともせず、いつまでたってもただにやりにやり(注3)と笑っていた。
　次の日、英吉は学校で3回教師に叱られた。
　最初は物理の時間で、問題を解けと言われたのだが分からず黙っていると、「お前はさっきから窓ばかり眺めていたから分からないんだ。」と教師に睨まれた。2回目は書道の時間だった。半紙(注4)の上に字を書かず昨日の夜夢でみた笑っている顔を書いて怒られた。3回目は学校から家に帰るときで、他の生徒と一緒に先生に礼をして出ようとすると自分だけ礼をやり直せ(注5)と怒られた。

（注1）一滴：ひとしずく
（注2）酒屋：酒を売っている店
（注3）にやり：声を出さずに少し笑いを浮かべる様子
（注4）半紙：書道の時に書く紙
（注5）やり直す：もう一度初めからすること

53 ①母親が英吉を睨んだとあるが、それはなぜか。
1 家の酒を勝手に飲んだから
2 ガラスの瓶を覗いて遊んでいたから
3 酒をコップで飲まず瓶に口をつけて飲んでいたから
4 流しの電気をつけずに遊んでいたから

54 ②足が言うことを聞かずとあるが、この部分と入れ替わることができるものはどれか。
1 足が思うように動かず
2 足が話すように開けず
3 足が見るように走らず
4 足が食べるように止まらず

55 本文の内容と合っていないものはどれか。
1 英吉の将来の夢は酒屋で働くことだ。
2 英吉は学校で一日のうちに三回怒られたことがある。
3 口が耳まで裂けた顔は夢で英吉を襲ったわけではない。
4 英吉は実際に口が耳まで裂けた顔を見たわけではない。

（3）

　最近、子どもがライターで遊んで火事が起きるケースが増えている。2004年から2008年に全国の18政令指令都市(注1)で起こったライターの火遊びが原因の火災のうち、約4割が12歳以下の子どもによるものだったことが、消費者庁の実態調査で分かった。これは日本だけに限らず世界でも同じような現象が起こっているのだが、すでに欧米では子どもがライターを簡単に使えないようにするチャイルドレジスタンス機能を入れた安全規制が実施されている。

　そこで日本でも経済産業省がライターに安全規制を設ける方針を発表した。それで注目を集めたのが、1年前に発売されたが人気がなくお蔵入り(注2)となった①火遊び事故を防ぐ工夫をしたライターだ。このライターは点火レバーに付いたストッパー(注3)を点火口方向に押し込みながらレバーを下げて点火する。子どもは指先で2つの動作を同時にするのが苦手なので事故防止につながるという。

　もちろんこういったグッズ(注4)が発売されることも火災防止にはなるであろうが②保護者が気をつけることも重要になってくるだろう。例えば子どもの手の届く場所にライターを置かないようにする、また子どもにライターを一瞬でも触らせたり、遊ばせたりしないことなどがある。また、言葉が分かるような年代の子どもには火の怖さについて教えることも大切なことだ。

(注1) 政令指令都市：内閣が制定する命令で指定された都市
(注2) お蔵入り：計画が実行に移されなくなること
(注3) ストッパー：機械などの停止装置や安全装置
(注4) グッズ：商品

56 ①火遊び事故を防ぐ工夫をしたライターとあるが、このライターについて正しく書かれているものはどれか。

1　ライターに安全規制を設ける方針を発表したことで再び注目されるようになった。
2　1年以上前から沢山の人が使用していた。
3　指先が器用な人でなければ使えない。
4　子どもが苦手な3つ以上の動作をしなければ火が付かないようになっている。

57 ②保護者が気をつけることとあるが、その例として当てはまらないものはどれか。

1　ライターを子どもが見えない場所においておく。
2　火がどのくらい危険なのかを子どもに教える。
3　子どもに長時間ライターを触らせない。
4　子どもにライターを持たせないようにする。

58 本文の内容と合っているものはどれか。

1　2004年から2008年に起こったライターの火遊びが原因の火災のうち、半分以上が12歳以下の子どもによるものだ。
2　ライターの火遊びが原因の火災は日本だけで起きているのではない。
3　火災防止グッズがあれば火災は100％防止することができる。
4　火遊び事故を防ぐ工夫をしたライターは日本で発売される前、欧米で発売されていた。

問題10 次の文章を読んで、後の問いに対する答えとして、最もよいものを1・2・3・4から一つ選びなさい。

　①読書において大切なことはまず読書の習慣を作るということである。他の事と同じように読書にも習慣が必要である。ひとは、単に義務からのみ、或いは単に興味からのみ読書し得るものではなく、習慣が実に多くのことを為すのである。そして他の事と同じように、読書の習慣も早くから身につけなければならない。学生時代に読書の習慣を作らなかった者は恐らく生涯読書の面白さを理解しないで終わるのであろう。

　読書の習慣を身につけるためには暇な時間を作るようにしなければならない。しかし、人生において暇は見つけようとさえすればどこにでもあるものだ。朝出かける前の30分、夜眠る前の1時間というように読書のための時間を作ろうと思えばいつでも作ることができる。現代の生活は確かに忙しくなっている。しかしどんなに忙しい人も自分の好きなことのためには暇を作ろうとするはずだ。読書の時間がないというのは読書しないための口実に過ぎない。まして学生は社会に出たものと比較して遥か(注1)に多くの自由な時間があるはずだ。そのうえ読書は他の娯楽のように相手を必要としない。人は一人で読書の楽しみを味わうことができるのである。読書の時間を作るために、無駄に忙しくなっている生活を整理することができたならば、人生はそれだけ豊富になるのであろう。読書は心に落ち着きを与える。②そのことだけから考えても、落ち着きを失っている現代の生活にとって読書の持っている意味は大きいのであろう。

　また、読書しようとしている者は規則的に読書するということも忘れてはならない。毎日、一定の時間に読書する習慣を身につけることが大切である。そのようにして20年間も継続することができれば、その人は立派な学者になっているのであろう。読書の習慣は読書のための暇を作り出す。読書の時間がないという者は読書の習慣がないことを示している。読書の習慣を身につけた者は読書に特別の楽しみを見出す(注2)のであろうし、その楽しみが彼らを読書から離さないのであろう。

　そして他のことと同様、読書にも勇気が必要である。私達はつねに読書に適した(注3)環境にいるのではない。そういった環境で読書しようと考えるならば、遂に読書できないまま終わるのであろう。とりあえず読書し始めたならば、落ち着かない心も落ち着き、憂い(注4)も忘れられ読書に適した環境が整ってくるというものだ。

（注1）遥か：程度の差がはなはだしい様子
（注2）見出す：発見する
（注3）適する：ある対象や目的などによく合う
（注4）憂い：予測される悪い事態に対する心配

59 ①読書において大切なこととあるが、これに当てはまらないものはどれか。

1　読書の習慣を身につけること
2　規則的に読書することを心がけること
3　暇な時間を寝る前にだけに作ること
4　勇気をもって読書しようとすること

60 筆者が言っている読書の時間を一番多く作れる人は次のうち誰か。

1　大学生
2　大工
3　医者
4　教師

61 ②そのこととあるが、何を指しているか。

1　読書の時間を作ること
2　一人で読書の楽しみを味わうことができること
3　読書が心を落ち着かせてくれること
4　無駄に忙しい生活を整理すること

62 筆者の考えに一番近いものはどれか。

1 学生時代に読書の習慣を作らなかった者の一部は読書の面白さを理解できない場合がある。
2 読書に適した環境で初めから作ることはなかなか難しいので勇気が必要になってくる。
3 立派な学者になりたい人は他の人よりも読書の時間をたくさん作らないといけない。
4 現代の生活は昔よりも暇を作りやすい環境にある。

問題11 次のAとBはそれぞれ別の新聞のコラムである。AとBの両方を読んで、後の問いに対する答えとして、最もよいものを1・2・3・4から一つ選びなさい。

[A]

　血液型と性格の関係性については色々言われているが実際にはどうなのだろうか。今回は医学的や心理的にどう考えられているかについてまとめた。
　結論を先に言うと、血液型と性格が関連があるという証拠は見つかっておらず、これらに関係はないと考えられている。1927年にある心理学者がその関係関連説を提唱(注1)したことがある。この説は直ぐに心理学者達により検討が行なわれたが支持されず一度消えたのだが、その後同様の内容の本が出版され、流行した事を受け1980年に再び心理学者達により検討が繰り返し行われた。しかし再び全ての血液型において関連が無いという結果となり心理学的には認められていない。
　性格や感情は脳内物質とそれを感知(注2)する脳の部分によって決まる。脳内物質の量により、神経回路を通る信号の伝わり方が異なり、これが性格や感情となって現れる。血液型は赤血球の糖(注3)の並び方の違いによって分かれる。糖の種類と人間の性格は全く関係がないとされている。また脳は血液型に含まれる物質を認識できないとも言われており、全ての血液型と性格の関連性の根拠ははっきりしていない。これらのことにより医学的にも関係は認められない。
　このように心理的にも医学的にも血液型と性格の関係性は否定されている。性格は、遺伝(注4)や育ってきた環境により形成されるものであり、血液型で決まるものではない。一見関連があるように見えるのは、単なる思い込みの効果によるものなのである。

[B]

　血液型はA型、B型、AB型、O型で表されますが、これをABO式血液型と言います。今回は、このABO式血液型と性格について医学的に話していきたいと思います。
　ABO式血液型について説明する前に遺伝子(注5)と染色体(注6)について説明します。人の遺伝子は46本の染色体にのっています。この染色体は大きさによって1番から22番の番号が付けられています。その中でABO式血液型に関係する遺伝子は19番染色体と9番染色体です。遺伝子とABO式血液型の関係を9番染色体に注目して見ると、O型の人は遺伝子型はA型とB型物質を両方作らないO／Oとなり、AB型の人の遺伝子型はA型とB型物質を両方作るA／Bの組み合わせとなります。そして、A型の人の遺伝子型はA型物質を作るA／AまたはA／Oとなり、B型の遺伝子型はB型物質を作るB／BまたはB／Oとなります。しかし、血液型と性格について書かれているものの中にはA／AとA／O（B／BとB／O）を区別していないものもあります。このことから血液型と性格の話は遺伝子が性格を決めるという話でもないようです。
　ABO式血液型物質の構造を決めているのは血液中にある糖の酵素です。この酵素の働きがABO式血液型を決定するので血液型と性格に関係があるとすると、この酵素が性格に関係あるということになります。
　例えば、9番染色体のABO式血液型を決める遺伝子の側に、神経系に関係する遺伝子があるとします。この遺伝子がABO式血液型と一緒に遺伝すると仮定すると、血液型と性格に関連がある可能性が出てきます。しかし、9番染色体に神経系に関連した遺伝子はありますが、ABO式血液型を決める遺伝子と一緒に遺伝しているわけではありません。
　このように、実在する多くの事柄が関係が無い事を示しています。

（注1）提唱：意見や主張などを発表すること
（注2）感知：気付くこと
（注3）糖：水に溶けやすく、甘い味のする炭水化物
（注4）遺伝：生物の形が親から子へ伝達されること

（注5）遺伝子：DNA
（注6）染色体：細胞が分裂する時に現れる棒状のもの

63 Aの記事にのみ触れられている内容はどれか。
1 医学的に見た血液型と性格の関係
2 仮定からの関係性の検討
3 心理学的に見た血液型と性格の関係性
4 A型、B型、AB型、O型の別名

64 血液型は何で決まると言っているか。
1 糖
2 脳
3 型
4 性格

65 血液型と性格の関係について、Aの筆者とBの筆者はどのような立場をとっているか。
1 AもBも関係を否定している。
2 AもBも関係を肯定している。
3 Aは関係を否定しているが、Bは関係を肯定している。
4 Bは関係を否定しているが、Aは関係を肯定している。

問題12 次の文章を読んで、後の問いに対する答えとして、最もよいものを1・2・3・4から一つ選びなさい。

　食堂のテーブルの上にある立派なガラス鉢に、金魚が四、五匹入っていた。馬鹿に大きなひれと尾とを動かしてのんびりと泳いでいた。近くで見ようと席を立ち、覗きに行った。上から覗き込むと、小さな金魚だったが、横からガラス越しに見ると、それは大きく立派なものに見えた。彼は感心し、自分も金魚を飼って見たくなった。
　心当りの方面を歩き回っていると、金魚屋が見つかった。中に入ると、幾つもの水槽(注1)にいろいろな金魚がいっぱい入っていた。彼は1つの水槽の中にいる金魚に目をつけた。尾が大きく、色がよくて、それが一番立派そうだった。お店の人に「これを四、五匹下さい。」と伝えた。沢山の群れの中から、一番いいものを選び出さなければならなかった。目星(注2)をつけて、ガラスの容器にすくい上げて見ると、他のものの方が立派なように思えた。もう一度、他のをすくい上げてもらうと、更に立派なものが出てきた。彼は何度も何度も選んだ。
　「ここにいるもので気に入らないなら、二、三日のうちに取り寄せますよ。」そうお店の人は言った。彼はまごついて、「これでいいです。」と答えながらも、自分の選んだものが一番悪いもののような気がしてきた。尾が歪んでいたり、赤の色具合が面白くなかったりした。彼は①いらいらしてきた。そしてもう二、三回選び直した後、それで諦めた。
　そして、容器の問題で彼は更に困った。店にある容器は、食堂で見たものとは違い、二匹が精一杯の大きさだった。仕方なく彼は、折角選んだ五匹の中から、更に二匹に絞り込む(注3)ことになった。ガラスの鉢に金魚を二匹入れ、上から新聞紙で包んでもらった。高いお金を支払って店から出てきた時、彼は②憂鬱な気分になった。何のために金魚を買いに行ったのか分からなくなった。日が西に傾いて、街の空気が妙に慌しかった。彼は不機嫌な顔をしながら、重いガラス鉢を下げて停留場へ急いだ。
　下宿まではかなり遠く、バスに乗ると、ぎっしり人込みの中に挟み込まれてしまった。金魚のことが気にかかった。しかし、どうしようもなかった。片手は吊革につかまりながら、もう一方の手は思いっきり肱を張って、ガラス鉢を抱きかかえるようにした。

無事に下宿の近くの停留場まで来たが、ガラス鉢を下げては降りづらく、③まごついているうちにバスは動き出した。
「下りるよ。下りるよ。」と彼は叫んだ。「降りますか、お早く願います。」と車掌は言いながら、バスは急に止った。ごとんと反動が来た。彼は人並みに揺られて、うっかりガラス鉢を落してしまった。容器は壊れ、水がぱっと飛び散った。彼は慌てて床の上にはね回っている二匹の金魚をそっと両方の手で掴むと、それを手に持ったまま、勢いよく人を押し退けて、バスを降り、夢中で走った。

（注1）水槽：水を貯えておく大きな入れ物
（注2）目星：欲しいものに対して狙いをつける
（注3）絞り込む：対象範囲を狭くし、限定する

66 ①いらいらとあるが、同じ使い方のものはどれか。

1　いらいら明日は試験の日だ。
2　インクがなかなか出てこなくていらいらした。
3　隣の部屋はいらいらすると怒られた。
4　彼女はいらいらな性格だ。

67 ②憂鬱な気分になったとあるが、なぜそのような気分になったのか。

1　金魚を飼って見たいと思っていたが、気に入る金魚がいなくて店の対応が悪かったから
2　立派なガラス鉢を買いたいと思ったが、大きいガラス鉢しか売っていなかったから
3　ガラス鉢が思ったよりも大きくて金魚が小さく見えたから
4　小さいガラス鉢しか店にはなく、金魚の数も減らさないといけなくなったから

68 ③まごついているとあるが、彼のこのときの状態はどれか。

1 バスをもう降りないといけないのに降りられなくて困っている状態
2 勢いよく人を押し退けてバスを降りようとする状態
3 人込みの中に挟みこまれて動けない状態
4 ガラス鉢をバスに置いていこうかどうしようかと悩んでいる状態

69 本文の内容と合っているものはどれか。

1 ガラス鉢の大きさに金魚の数を合わせたが、合わせる必要はなかった。
2 二匹しか入らないガラス鉢と金魚二匹を買ったが、心がすっきりしなかった。
3 金魚を選ぶことに疲れてしまい、買わなければ良かったとバスに置いて帰った。
4 金魚を買ったのに途中でガラス鉢が割れてしまい、いらいらしてしまった。

問題13 次は、本体価格、パソコンアクセサリー価格、商品内容である。下の問いに対する答えとして、最もよいものを1・2・3・4から一つ選びなさい。

[70] タカシさんは新しくノートパソコンを買おうと思っている。容量は160GB以上あれば良いと思っているが、多いほど良いとも思っている。パソコンと一緒にマウスとパソコンバックとＵＳＢも買おうと思っている場合一番値段が高くなる買い方はどれか。

1 ＴＨ２０５とアクセサリーセット２番とマウス
2 ＴＨ１０５とアクセサリーセット２番
3 ＴＨ２０５とアクセサリーセット１番とＵＳＢ
4 ＴＨ１０５とパソコンバックとマウスとＵＳＢ

[71] ＴＨ１０５を購入する時、購入しなくても良いアクセサリーはどれか？

1 予備バッテリー
2 キーボードカバー
3 マウス
4 画面クリーナー

（本体価格）

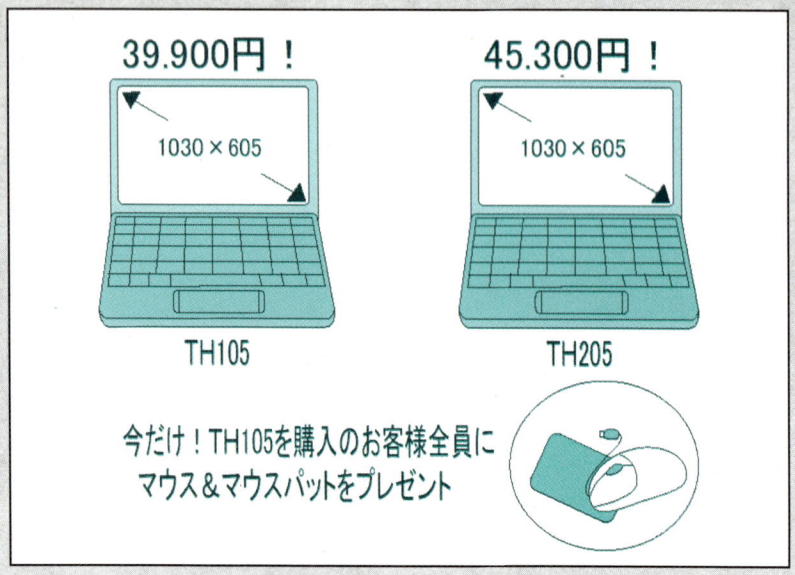

（アクセサリー価格）

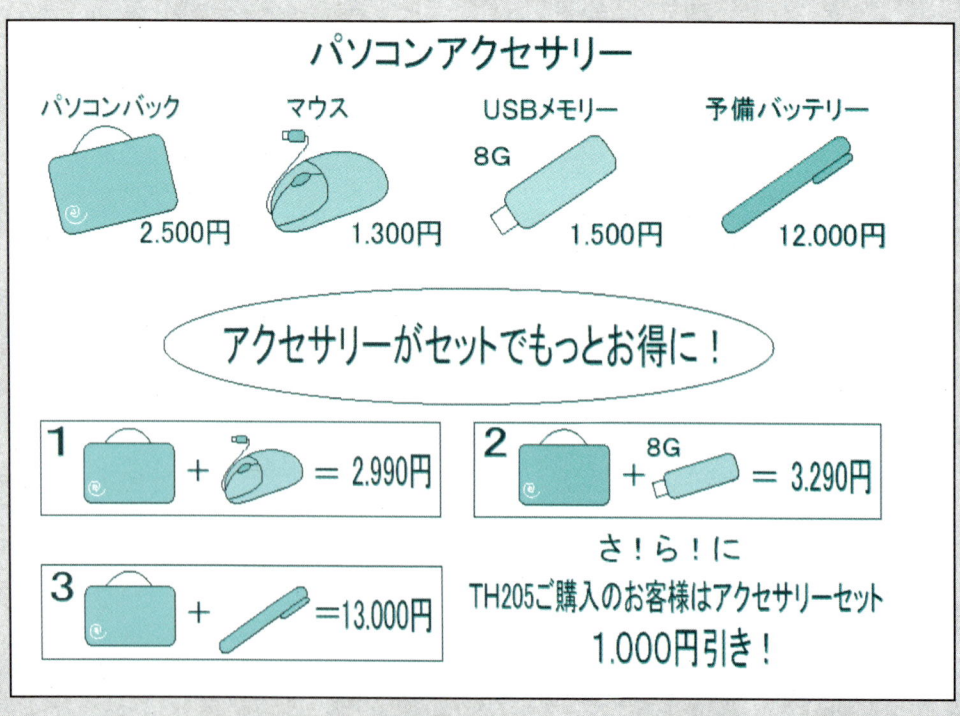

(商品内容)

商品名	ＴＨ１０５	ＴＨ２０５
容量	１８０ＧＢ	２５０ＧＢ
オペレーターソフト	ＷｉｎｄｏｕｚＰＸ	Ｗｉｎｄｏｕｚ８
速度	通常	高速
電力消費量	普通	普通

워밍업

1. 접속사
1-1. 3 1-2. 2 1-3. 2 1-4. 4 1-5. 3
2-1. 2 2-2. 4 2-3. 1 2-4. 3 2-5. 2

2. 원인・이유
1-1. 4
2-1. 2

3. 필자의 주장
1-1. 4
2-1. 3 2-2. 2 2-3. 3

4. 내용파악
1-1. 2
2-1. 4

5. 정보 찾기
1-1. 3 1-2. 4
2-1. 3 2-2. 2

6. 복수의 제시문
1-1. 3 1-2. 1 1-3. 4
2-1. 3 2-2. 2 2-3. 1

실전연습

問題8
1-1. 2
2-1. 3
3-1. 2
4-1. 2
5-1. 2
6-1. 3
7-1. 3
8-1. 2
9-1. 4
10-1. 1

問題9
1-1. 3   1-2. 1   1-3. 3
2-1. 1   2-2. 1   2-3. 3
3-1. 2   3-2. 3   3-3. 4
4-1. 1   4-2. 4   4-3. 2
5-1. 4   5-2. 4   5-3. 2
6-1. 3   6-2. 2   6-3. 3
7-1. 1   7-2. 2   7-3. 3
8-1. 1   8-2. 3   8-3. 2
9-1. 4   9-2. 3   9-3. 2
10-1. 2 10-2. 4 10-3. 4

問題10
1-1. 3   1-2. 3   1-3. 1   1-4. 4
2-1. 2   2-2. 1   2-3. 3   2-4. 4
3-1. 4   3-2. 1   3-3. 4   3-4. 4
4-1. 3   4-2. 2   4-3. 1   4-4. 3
5-1. 3   5-2. 3   5-3. 1   5-5. 3
6-1. 3   6-2. 2   6-3. 4   6-4. 3
7-1. 1   7-2. 3   7-3. 3   7-4. 3

모의고사 1회

問題11
1-1. 2　1-2. 2　1-3. 1
2-1. 3　2-2. 3　2-3. 4
3-1. 2　3-2. 1　3-3. 4

問題12
1-1. 3　1-2. 1　1-3. 4　1-4. 2
2-1. 4　2-2. 4　2-3. 1　2-4. 3
3-1. 1　3-2. 4　3-3. 2　3-4. 3

問題13
1-1. 4　1-2. 3
2-1. 1　2-2. 3
3-1. 2　3-2. 4

問題8
46. 2　47. 3　48. 3　49. 1

問題9
50. 3　51. 3　52. 3
53. 2　54. 4　55. 4
56. 4　57. 2　58. 3

問題10
59. 3　60. 3　61. 4　62. 4

問題11
63. 4　64. 4　65. 1

問題12
66. 1　67. 2　68. 4　69. 4

問題13
70. 3　71. 1

모의고사 2회

問題8
46. 1   47. 3   48. 2   49. 4

問題9
50. 4   51. 2   52. 1
53. 3   54. 2   55. 1
56. 2   57. 4   58. 3

問題10
59. 1   60. 4   61. 3   62. 2

問題11
63. 4   64. 1   65. 3

問題12
66. 2   67. 2   68. 1   69. 1

問題13
70. 2   71. 3

모의고사 3회

問題8
46. 4   47. 4   48. 1   49. 4

問題9
50. 4   51. 2   52. 1
53. 3   54. 1   55. 1
56. 1   57. 3   58. 2

問題10
59. 3   60. 1   61. 3   62. 2

問題11
63. 3   64. 1   65. 1

問題12
66. 2   67. 4   68. 1   69. 2

問題13
70. 1   71. 3

해답 용지

N1 言語知識(文字・語彙・文法)・読解 解答用紙

受験番号 Examinee Registration Number

名前 Name

〈ちゅうい Notes〉

1. くろいえんぴつ (HB、No.2) でかいてください。
   Use a black medium soft (HB or No.2) pencil.
2. かきなおすときは、けしゴムできれいにけしてください。
   Erase any unintended marks completely.
3. きたなくしたり、おったりしないでください。
   Do not soil or bend this sheet.
4. マークれい Marking examples

よい Correct	わるい Incorrect
●	⊘ ◯ ◉ ◍ ◑

저자 약력

▶ **이종권**

현) 이종권일본어학원 원장

일본문부성 국비장학생
1991년 이후 일본어 교육에 종사
국내 최초 일본유학시험(EJU)반 개설 운영 중
현재 NEW(신)일본어능력시험반과 일본유학시험반 강의 중

전) 시사일본어학원 교수부장 및 본부장
현) 이종권 일본어학원 원장 겸 시험대비 강사

▶ **저서**

일본어능력시험 혼자서도 자신 있게 1급 한번에 합격하기
일본어능력시험 혼자서도 자신 있게 2급 한번에 합격하기
일본어능력시험 혼자서도 자신 있게 3급 한번에 합격하기
그 외 다수

▶ **연구원**

上阪桃子 / 木下真理子 / 右田明子 / 三宅信子 / 안혜원

NEW 일본어능력시험 답다! N1 독해

저자 | 이종권
초판 1쇄 발행 | 2010년 6월 28일
초판 3쇄 발행 | 2016년 7월 11일

발행인 | 박효상
총괄이사 | 이종선
편집장 | 김현
기획·편집 | 박혜민
디자인 | 손정수
마케팅 | 이태호, 이전희
디지털콘텐츠 | 이지호
관리 | 김태옥

종이 | 월드페이퍼
인쇄·제본 | 현문자현

출판등록 | 제10-1835호
발행처 | 사람in
주소 | 121-839 서울시 마포구 양화로11길 14-10(서교동) 4F
전화 | 02) 338-3555(代) 팩스 | 02) 338-3545
E-mail | saramin@netsgo.com
Homepage | www.saramin.com

:: 책값은 뒤표지에 있습니다.
:: 파본은 바꾸어 드립니다.

ⓒ 이종권 2010

ISBN 978-89-6049-165-6 13730
　　　978-89-6049-157-1 (set)

사람이 중심이 되는 세상, 세상과 소통하는 책 **사람in**